全国“八五”普法
普法知识题集系列 15

反电信网络诈骗法

FANDIANXIN WANGLUO ZHAPIANFA

普法知识题集

PUFA ZHISHI TIJI

中国法制出版社
CHINA LEGAL PUBLISHING HOUSE

图书在版编目（CIP）数据

反电信网络诈骗法普法知识题集 / 中国法制出版社编. —北京：中国法制出版社，2022.9
（普法知识题集系列）
ISBN 978-7-5216-2854-8

Ⅰ. ①反… Ⅱ. ①中… Ⅲ. ①电信-诈骗-预防犯罪-法规-中国②互联网络-诈骗-预防犯罪-法规-中国 Ⅳ. ①D924.33

中国版本图书馆 CIP 数据核字（2022）第 163383 号

策划统筹 胡 斌 唐 鹍
责任编辑 刘海龙　　封面设计 李 宁

反电信网络诈骗法普法知识题集
FANDIANXIN WANGLUO ZHAPIANFA PUFA ZHISHI TIJI

编者/中国法制出版社
经销/新华书店
印刷/三河市紫恒印装有限公司
开本/880 毫米×1230 毫米 32 开　　印张/6.5 字数/130 千
版次/2022 年 9 月第 1 版　　2022 年 9 月第 1 次印刷

中国法制出版社出版
书号 ISBN 978-7-5216-2854-8　　定价：29.00 元

北京市西城区西便门西里甲 16 号西便门办公区
邮政编码：100053　　传真：010-63141600
网址：http://www.zgfzs.com　　编辑部电话：010-63141814
市场营销部电话：010-63141612　　印务部电话：010-63141606

（如有印装质量问题，请与本社印务部联系。）

编辑说明

当前，我国已开启全面建设社会主义现代化国家新征程，进入新发展阶段。通过开展“八五”普法，使公民法治素养和社会治理法治化水平显著提升，形成全社会尊法学法守法用法的良好氛围。多层次多领域依法治理深入推进，全社会办事依法、遇事找法、解决问题用法、化解矛盾靠法的法治环境显著改善。

提升公民法治素养是全民普法的主要目标，也是全面依法治国的迫切要求，要突出重点对象，分层分类指导。实行公民终身法治教育制度，把法治教育纳入干部教育体系、国民教育体系、社会教育体系，不断提升全体公民法治意识和法治素养。坚持学用结合、普治并举。注重在立法、执法、司法和法律服务过程中开展实时普法，把普法深度融入立法、执法、司法和法律服务全过程，把普法融入法治实践、基层治理和日常生活。

为配合“八五”普法工作需要，我们组织编写了“普法知识题集系列丛书”。定位普法，覆盖公民、国家工作人员、领导干部、青少年、企业人员等，题型丰富、解析精准、难度适中，从试题角度为普法工作学习提供检验测试工具。丛书具有以下特点：

一、题型丰富。题型涵盖判断题、单选题、多选题、填空题、简答题，完备系统。

二、解析精准。习题均附有参考答案，解析有法律条文做依据，精准可靠。部分判断题、填空题的解析出于节省篇幅考虑，只列出答案和条文序号。

三、难度适中。习题设置避免难题、偏题、怪题，以突出应知应会和重点条文为出发点设置。

本丛书既适合机关、团体、学校、企业、事业单位等组织相关培训配套使用，也适合有学习需求的广大读者阅读。希望本丛书的出版能够有助于引导广大读者养成自觉守法的意识，形成遇事找法的习惯，培养解决问题靠法的意识和能力。为建设信仰法治、公平正义、保障权利、守法诚信、充满活力、和谐有序的社会主义法治社会贡献一份力量。

由于时间和水平有限，不足之处在所难免，敬请广大读者批评指正。

中国法制出版社

目录

一、反电信网络诈骗法

第一章 总 则

（一）判断题

1. 为了预防、遏制和惩治电信网络诈骗活动，加强反电信网络诈骗工作，保护公民和组织的合法权益，维护社会稳定和国家安全，根据宪法，制定《反电信网络诈骗法》。（　　）
2. 反电信网络诈骗工作坚持以人民为中心，统筹发展和安全；坚持系统观念、法治思维，注重源头治理、综合治理；坚持齐抓共管、群防群治，全面落实打防管控各项措施，加强社会宣传教育防范；坚持精准防治，保障正常生产经营活动和群众生活便利。（　　）
3. 国务院建立反电信网络诈骗工作机制，统筹协调打击治理工作。（　　）
4. 各单位应当加强内部防范电信网络诈骗工作，对工作人员开展防范电信网络诈骗教育；个人应当加强电信网络诈骗防范意识。单位、个人应当协助、配合有关部门依照《反电信网络诈骗法》规定开展反电信网络诈骗工作。（　　）

（二）单项选择题

1. （　　）组织领导本行政区域内反电信网络诈骗工作，确定反电信网络诈骗目标任务和工作机制，开展综合治理。

A. 地方县级以上各级人民政府　　B. 地方市级以上各级人民政府

C. 县级以上各级人民政府　　D. 地方各级人民政府

2. 有关部门、单位在反电信网络诈骗工作中应当密切协作，实现（　　）协同配合、快速联动，加强专业队伍建设，有效打击治理电信网络诈骗活动。

A. 跨行业、跨地域　　B. 跨行业、跨区域

C. 跨专业、跨地域　　D. 跨专业、跨区域

（三）多项选择题

1. 电信网络诈骗，是指以非法占有为目的，利用电信网络技术手段，通过（　　）等方式，诈骗公私财物的行为。

A. 远程　　B. 近距离

C. 非接触　　D. 接触

2. 有关部门和单位、个人应当对在反电信网络诈骗工作过程中知悉的（　　）予以保密。

A. 国家秘密　　B. 商业秘密

C. 个人隐私　　D. 个人信息

3. 下列关于反电信网络诈骗的说法正确的是：（　　）

A. 公安机关牵头负责反电信网络诈骗工作，金融、电信、网信、市场监管等有关部门依照职责履行监管主体责任，负责本行业领域反电信网络诈骗工作

B. 人民法院、人民检察院发挥审判、检察职能作用，依法防范、惩治电信网络诈骗活动

C. 电信业务经营者、银行业金融机构、非银行支付机构、互联网服务提供者承担风险防控责任

D. 建立反电信网络诈骗内部控制机制和安全责任制度，加强新业

务涉诈风险安全评估

4. 教育行政、市场监管、民政等有关部门和村民委员会、居民委员会，应当结合电信网络诈骗受害群体的分布等特征，加强对（　　）等群体的宣传教育，增强反电信网络诈骗宣传教育的针对性、精准性，开展反电信网络诈骗宣传教育进学校、进企业、进社区、进农村、进家庭等活动。

A. 老年人　　　　B. 青少年

C. 领导干部　　　　D. 基层工作人员

（四）填空题

1. 打击治理在中华人民共和国____实施的电信网络诈骗活动或者中华人民共和国公民____实施的电信网络诈骗活动，适用《反电信网络诈骗法》。境外的组织、个人针对中华人民共和国境内实施电信网络诈骗活动的，或者为他人针对境内实施电信网络诈骗活动提供产品、服务等____的，依照《反电信网络诈骗法》有关规定处理和追究责任。
2. 反电信网络诈骗工作应当____进行，维护公民和组织的____权益。
3. 各级人民政府和有关部门应当加强反电信网络诈骗____，____相关法律和知识，提高公众对各类电信网络诈骗方式的____和____。

参考答案

（一）判断题

1. √，解析：根据《反电信网络诈骗法》第1条规定。
2. √，解析：根据《反电信网络诈骗法》第4条规定。
3. √，解析：根据《反电信网络诈骗法》第6条规定。

4. √，解析：根据《反电信网络诈骗法》第8条规定。

（二）单项选择题

1. D，解析：根据《反电信网络诈骗法》第6条第2款规定，地方各级人民政府组织领导本行政区域内反电信网络诈骗工作，确定反电信网络诈骗目标任务和工作机制，开展综合治理。
2. A，解析：根据《反电信网络诈骗法》第7条规定，有关部门、单位在反电信网络诈骗工作中应当密切协作，实现跨行业、跨地域协同配合、快速联动，加强专业队伍建设，有效打击治理电信网络诈骗活动。

（三）多项选择题

1. AC，解析：根据《反电信网络诈骗法》第2条规定，本法所称电信网络诈骗，是指以非法占有为目的，利用电信网络技术手段，通过远程、非接触等方式，诈骗公私财物的行为。
2. ABCD，解析：根据《反电信网络诈骗法》第5条规定，反电信网络诈骗工作应当依法进行，维护公民和组织的合法权益。有关部门和单位、个人应当对在反电信网络诈骗工作过程中知悉的国家秘密、商业秘密和个人隐私、个人信息予以保密。
3. ABCD，解析：根据《反电信网络诈骗法》第6条规定，国务院建立反电信网络诈骗工作机制，统筹协调打击治理工作。地方各级人民政府组织领导本行政区域内反电信网络诈骗工作，确定反电信网络诈骗目标任务和工作机制，开展综合治理。公安机关牵头负责反电信网络诈骗工作，金融、电信、网信、市场监管等有关部门依照职责履行监管主体责任，负责本行业领域反电信网络诈骗工作。人民法院、人民检察院发挥审判、检察职能作用，依法防范、惩治电信网络诈骗活动。电信业务经营者、银行业金融机构、非银行支付机构、互联网服务提供者承担风险防控责任，建立反电信网络诈骗内部控制机制和安全责任制度，加强新业务涉诈风险安全评估。

4. AB，解析：根据《反电信网络诈骗法》第 8 条第 2 款规定，教育行政、市场监管、民政等有关部门和村民委员会、居民委员会，应当结合电信网络诈骗受害群体的分布等特征，加强对老年人、青少年等群体的宣传教育，增强反电信网络诈骗宣传教育的针对性、精准性，开展反电信网络诈骗宣传教育进学校、进企业、进社区、进农村、进家庭等活动。

（四）填空题

1. 境内；在境外；帮助。（《反电信网络诈骗法》第 3 条）
2. 依法；合法。（《反电信网络诈骗法》第 5 条）
3. 宣传；普及；防骗意识；识骗能力。（《反电信网络诈骗法》第 8 条）

第二章 电信治理

（一）判断题

1. 办理电话卡可以超出国家有关规定限制的数量。（ ）
2. 电信业务经营者建立物联网卡用户风险评估制度，评估未通过的，原则上不可以向其销售物联网卡；严格登记物联网卡用户身份信息；采取有效技术措施限定物联网卡开通功能、使用场景和适用设备。（ ）
3. 电信业务经营者应当规范真实主叫号码传送和电信线路出租，对改号电话进行封堵拦截和溯源核查。电信业务经营者应当严格规范国际通信业务出入口局主叫号码传送，真实、准确向用户提示来电号码所属国家或者地区，对网内和网间虚假主叫、不规范主叫进行识别、拦截。（ ）

（二）单项选择题

1. 电信业务经营者应当依法全面落实电话用户真实身份信息（ ）制度。

   A. 备案　　B. 注册

   C. 登记　　D. 核准

2. 电信业务经营者对监测识别的涉诈异常电话卡用户应当重新进行实名核验，根据（ ）等级采取有区别的、相应的核验措施。

   A. 危机　　B. 危险

   C. 危害　　D. 风险

3. 电信业务经营者、互联网服务提供者应当采取技术措施，及时识别、阻断《反电信网络诈骗法》第 14 条第 1 款规定的非法设备、软件接入网络，并向（　　）和相关行业主管部门报告。

A. 国家电信管理机关　　B. 国家网信管理机关

C. 公安机关　　D. 国家安全机关

（三）多项选择题

1. 对经识别存在异常办卡情形的，电信业务经营者有权（　　）。具体识别办法由国务院电信主管部门制定。

A. 暂停办卡　　B. 加强审理

C. 拒绝办卡　　D. 加强核查

2. 电信业务经营者对监测识别的涉诈异常电话卡用户应当重新进行实名核验，对未按规定核验或者核验未通过的，电信业务经营者可以（　　）有关电话卡功能。

A. 控制　　B. 限制

C. 暂停　　D. 终止

3. 单位用户从电信业务经营者购买物联网卡再将载有物联网卡的设备销售给其他用户的，应当核验和登记用户身份信息，并将（　　）传送给号码归属的电信业务经营者。

A. 销量　　B. 价格

C. 存量　　D. 用户实名信息

（四）填空题

1. 基础电信企业和移动通信转售企业应当承担对代理商落实电话用户实名制____责任，在协议中明确代理商实名制登记的责任和有关____措施。

2. 国务院电信主管部门组织建立电话用户开卡数量____机制和风险

信息____机制，并为用户查询名下电话卡信息提供____渠道。

3. 电信业务经营者对物联网卡的使用建立____机制。对存在____情形的，应当采取暂停服务、重新核验身份和____或者其他合同约定的处置措施。

（五）简答题

简述任何单位和个人不得非法制造、买卖、提供或者使用的设备、软件。

参考答案

（一）判断题

1. ×，解析：根据《反电信网络诈骗法》第 10 条第 1 款规定，办理电话卡不得超出国家有关规定限制的数量。
2. ×，解析：根据《反电信网络诈骗法》第 12 条第 1 款规定，电信业务经营者建立物联网卡用户风险评估制度，评估未通过的，不得向其销售物联网卡；严格登记物联网卡用户身份信息；采取有效技术措施限定物联网卡开通功能、使用场景和适用设备。
3. √，解析：根据《反电信网络诈骗法》第 13 条规定。

（二）单项选择题

1. C，解析：根据《反电信网络诈骗法》第 9 条第 1 款规定，电信业务经营者应当依法全面落实电话用户真实身份信息登记制度。
2. D，解析：根据《反电信网络诈骗法》第 11 条规定，电信业务经营者对监测识别的涉诈异常电话卡用户应当重新进行实名核验，根据风险等级采取有区别的、相应的核验措施。对未按规定核验或者核验未通过的，电信业务经营者可以限制、暂停有关电话卡功能。

3. C，解析：根据《反电信网络诈骗法》第 14 条第 2 款规定，电信业务经营者、互联网服务提供者应当采取技术措施，及时识别、阻断前款规定的非法设备、软件接入网络，并向公安机关和相关行业主管部门报告。

（三）多项选择题

1. CD，解析：根据《反电信网络诈骗法》第 10 条规定，办理电话卡不得超出国家有关规定限制的数量。对经识别存在异常办卡情形的，电信业务经营者有权加强核查或者拒绝办卡。具体识别办法由国务院电信主管部门制定。国务院电信主管部门组织建立电话用户开卡数量核验机制和风险信息共享机制，并为用户查询名下电话卡信息提供便捷渠道。
2. BC，解析：根据《反电信网络诈骗法》第 11 条规定，电信业务经营者对监测识别的涉诈异常电话卡用户应当重新进行实名核验，根据风险等级采取有区别的、相应的核验措施。对未按规定核验或者核验未通过的，电信业务经营者可以限制、暂停有关电话卡功能。
3. ACD，解析：根据《反电信网络诈骗法》第 12 条第 2 款规定，单位用户从电信业务经营者购买物联网卡再将载有物联网卡的设备销售给其他用户的，应当核验和登记用户身份信息，并将销量、存量及用户实名信息传送给号码归属的电信业务经营者。

（四）填空题

1. 管理；违约处置。（《反电信网络诈骗法》第 9 条）
2. 核验；共享；便捷。（《反电信网络诈骗法》第 10 条）
3. 监测预警；异常使用；使用场景。（《反电信网络诈骗法》第 12 条）

（五）简答题

答：根据《反电信网络诈骗法》第 14 条第 1 款规定，任何单位和个人不得非法制造、买卖、提供或者使用下列设备、软件：（1）电话卡批量插入设备；（2）具有改变主叫号码、虚拟拨号、互联网电话违规接入公用电信网络等功能的设备、软件；（3）批量账号、网络地址自动切换系统，批量接收提供短信验证、语音验证的平台；（4）其他用于实施电信网络诈骗等违法犯罪的设备、软件。

第三章　金融治理

（一）判断题

1. 中国人民银行统筹建立跨银行业金融机构、非银行支付机构的反洗钱统一监测系统，会同国务院公安部门完善与电信网络诈骗犯罪资金流转特点相适应的反洗钱可疑交易报告制度。（　　）
2. 银行业金融机构、非银行支付机构应当按照国家有关规定，完整、准确传输直接提供商品或者服务的商户名称、收付款客户名称及账号等交易信息，保证交易信息的真实、完整和支付全流程中的有效性。（　　）

（二）单项选择题

1. 金融、电信、市场监管、税务等有关部门建立开立企业账户相关信息共享查询系统，提供联网核查服务。市场主体登记机关应当依法对企业实名登记履行身份信息（　　）职责。

A. 核准　　B. 核验

C. 检查　　D. 检验

2. 银行业金融机构、非银行支付机构依照《反电信网络诈骗法》第 18 条规第 1 款规定开展异常账户和可疑交易监测时，可以收集异常客户（　　）等必要的交易信息、设备位置信息。

A. 个人信息、网卡地址、支付受理终端信息

B. 互联网协议地址、个人信息、支付受理终端信息

C. 互联网协议地址、网卡地址、个人信息

D. 互联网协议地址、网卡地址、支付受理终端信息

（三）多项选择题

1. 下列关于反电信网络诈骗的说法正确的是：（　　）

A. 开立银行账户、支付账户不得超出国家有关规定限制的数量，但特殊情况除外

B. 对经识别存在异常开户情形的，银行业金融机构、非银行支付机构有权加强核查或者拒绝开户

C. 中国人民银行、国务院银行业监督管理机构组织有关清算机构建立跨机构开户数量核验机制和风险信息共享机制，并为客户提供查询名下银行账户、支付账户的便捷渠道

D. 银行业金融机构、非银行支付机构应当按照国家有关规定提供开户情况和有关风险信息

2. 银行业金融机构、非银行支付机构应当建立开立企业账户异常情形的风险防控机制。（　　）等有关部门建立开立企业账户相关信息共享查询系统，提供联网核查服务。

A. 金融　　B. 电信

C. 市场监管　　D. 税务

3. 对监测识别的异常账户和可疑交易，银行业金融机构、非银行支付机构应当根据风险情况，采取（　　）等必要的防范措施。

A. 核实交易情况　　B. 重新核验身份

C. 延迟支付结算　　D. 限制或者中止有关业务

4. 国务院公安部门会同有关部门建立完善电信网络诈骗涉案资金（　　）和资金返还制度，明确有关条件、程序和救济措施。

A. 即时查询　　B. 紧急止付

C. 快速冻结　　D. 及时解冻

（四）填空题

1. 银行业金融机构、非银行支付机构为客户开立银行账户、支付账户及提供支付结算服务，和与客户业务关系存续期间，应当建立客户____制度，依法____受益所有人，采取相应风险管理措施，防范银行账户、支付账户等被用于电信网络诈骗活动。
2. 市场主体登记机关依照规定对登记事项进行监督检查，对可能存在____、____的企业重点监督检查，依法撤销登记的，依照《反电信网络诈骗法》第 17 条第 1 款的规定____信息；为银行业金融机构、非银行支付机构进行客户尽职调查和依法____受益所有人提供便利。
3. 银行业金融机构、非银行支付机构应当对银行账户、支付账户及支付结算服务加强____，建立完善符合电信网络诈骗活动特征的____和____监测机制。

参考答案

（一）判断题

1. √，解析：根据《反电信网络诈骗法》第 18 条规定。
2. ×，解析：根据《反电信网络诈骗法》第 19 条规定，银行业金融机构、非银行支付机构应当按照国家有关规定，完整、准确传输直接提供商品或者服务的商户名称、收付款客户名称及账号等交易信息，保证交易信息的真实、完整和支付全流程中的一致性。

（二）单项选择题

1. B，解析：根据《反电信网络诈骗法》第 17 条规定，银行业金融机构、非银行支付机构应当建立开立企业账户异常情形的风险防控机制。金融、电信、市场监管、税务等有关部门建立开立企业账户相关信息共享查询系统，提供联网核查服务。市场主体登记机关应当依法对企业实名登记履行身份信息核验职责；依照规定对登记事项进行监督检查，对可能存在虚假登记、涉诈异常的企业重点监督检查，依法撤销登记的，依照前款的规定及时共享信息；为银行业金融机构、非银行支付机构进行客户尽职调查和依法识别受益所有人提供便利。

2. D，解析：根据《反电信网络诈骗法》第 18 条规第 4 款规定，银行业金融机构、非银行支付机构依照第 1 款规定开展异常账户和可疑交易监测时，可以收集异常客户互联网协议地址、网卡地址、支付受理终端信息等必要的交易信息、设备位置信息。上述信息未经客户授权，不得用于反电信网络诈骗以外的其他用途。根据《反电信网络诈骗法》第 18 条规第 1 款规定，银行业金融机构、非银行支付机构应当对银行账户、支付账户及支付结算服务加强监测，建立完善符合电信网络诈骗活动特征的异常账户和可疑交易监测机制。

（三）多项选择题

1. BCD，解析：根据《反电信网络诈骗法》第 16 条规定，开立银行账户、支付账户不得超出国家有关规定限制的数量。对经识别存在异常开户情形的，银行业金融机构、非银行支付机构有权加强核查或者拒绝开户。中国人民银行、国务院银行业监督管理机构组织有关清算机构建立跨机构开户数量核验机制和风险信息共享机制，并为客户提供查询名下银行账户、支付账户的便捷渠道。银行业金融机构、非银行支付机构应当按照国家有关规定提供开户情况和有关风险信息。相关信息不得用于反电信网络诈骗以外的其他用途。

2. ABCD，解析：根据《反电信网络诈骗法》第 17 条第 1 款规定，银行业金融机构、非银行支付机构应当建立开立企业账户异常情形的风险防控机制。金融、电信、市场监管、税务等有关部门建立开立企业账户相关信息共享查询系统，提供联网核查服务。

3. ABCD，解析：根据《反电信网络诈骗法》第 18 条规第 3 款规定，对监测识别的异常账户和可疑交易，银行业金融机构、非银行支付机构应当根据风险情况，采取核实交易情况、重新核验身份、延迟支付结算、限制或者中止有关业务等必要的防范措施。

4. ABCD，解析：根据《反电信网络诈骗法》第 20 条规定，国务院公安部门会同有关部门建立完善电信网络诈骗涉案资金即时查询、紧急止付、快速冻结、及时解冻和资金返还制度，明确有关条件、程序和救济措施。公安机关依法决定采取上述措施的，银行业金融机构、非银行支付机构应当予以配合。

（四）填空题

1. 尽职调查；识别。（《反电信网络诈骗法》第 15 条）
2. 虚假登记；涉诈异常；及时共享；识别。（《反电信网络诈骗法》第 17 条）
3. 监测；异常账户；可疑交易。（《反电信网络诈骗法》第 18 条）

第四章　互联网治理

（一）判断题

1. 设立移动互联网应用程序必须应当按照国家有关规定向电信主管部门办理许可和备案手续。（　　）
2. 公安机关办理电信网络诈骗案件依法调取证据的，互联网服务提供者应当及时提供技术支持和协助。（　　）

（二）单项选择题

为移动互联网应用程序提供封装、分发服务的，应当登记并核验应用程序开发运营者的（　　），核验应用程序的功能、用途。

A. 真实身份信息　　B. 户口所在地信息

C. 经常居住地信息　　D. 注册登记地信息

（三）多项选择题

1. 互联网服务提供者应当根据（　　）要求，对涉案电话卡、涉诈异常电话卡所关联注册的有关互联网账号进行核验，根据风险情况，采取限期改正、限制功能、暂停使用、关闭账号、禁止重新注册等处置措施。

A. 市场监管机关　　B. 公安机关

C. 电信主管部门　　D. 网信主管部门

2. 提供域名解析、域名跳转、网址链接转换服务的，应当按照国家有关规定，核验域名注册、解析信息和互联网协议地址的（　　），规范域名跳转，记录并留存所提供相应服务的日志信息，支持实现对解析、跳转、转换记录的溯源。

A. 有效性　　B. 一致性

C. 准确性　　D. 真实性

3. 电信业务经营者、互联网服务提供者应当依照国家有关规定，履行合理注意义务，对利用哪些业务从事涉诈支持、帮助活动进行监测识别和处置？（　　）

A. 提供互联网接入、服务器托管、网络存储、通讯传输、线路出租、域名解析等网络资源服务

B. 提供应用程序、网站等网络技术、产品的制作、维护服务

C. 提供信息发布或者搜索、广告推广、引流推广等网络推广服务

D. 提供支付结算服务

（四）填空题

1. 互联网服务提供者对监测识别的____账号应当重新核验，根据国家有关规定采取____、暂停服务等处置措施。

2. 公安、电信、网信等部门和电信业务经营者、互联网服务提供者应当加强对分发____下载传播的涉诈应用程序____、及时处置。

3. 互联网服务提供者依照《反电信网络诈骗法》规定对有关涉诈信息、活动进行监测时，发现涉诈违法犯罪线索、____的，应当依照国家有关规定，根据涉诈风险____情况移送公安、金融、电信、网信等部门。有关部门应当建立完善____，将相关情况及时告知移送单位。

（五）简答题

1. 电信业务经营者、互联网服务提供者为用户提供哪些服务时，应当依法要求用户提供真实身份信息？

2. 简述任何单位和个人不得为他人实施电信网络诈骗活动提供的支持或者帮助的行为。

参考答案

（一）判断题

1. ×，解析：根据《反电信网络诈骗法》第23条第1款规定，设立移动互联网应用程序应当按照国家有关规定向电信主管部门办理许可或者备案手续。
2. √，解析：根据《反电信网络诈骗法》第26条规定。

（二）单项选择题

A，解析：根据《反电信网络诈骗法》第23条第2款规定，为应用程序提供封装、分发服务的，应当登记并核验应用程序开发运营者的真实身份信息，核验应用程序的功能、用途。

（三）多项选择题

1. BC，解析：根据《反电信网络诈骗法》第22条规定，互联网服务提供者应当根据公安机关、电信主管部门要求，对涉案电话卡、涉诈异常电话卡所关联注册的有关互联网账号进行核验，根据风险情况，采取限期改正、限制功能、暂停使用、关闭账号、禁止重新注册等处置措施。
2. CD，解析：根据《反电信网络诈骗法》第24条规定，提供域名解析、域名跳转、网址链接转换服务的，应当按照国家有关规定，核验域名注册、解析信息和互联网协议地址的真实性、准确性，规范域名跳转，记录并留存所提供相应服务的日志信息，支持实现对解析、跳转、转换记录的溯源。
3. ABCD，解析：根据《反电信网络诈骗法》第25条第2款规定，电信业务经营者、互联网服务提供者应当依照国家有关规定，履行合理注意义务，对利用下列业务从事涉诈支持、帮助活动进行监测识别和处置：（1）提供互联网接入、服务器托管、网络存储、通讯传输、线路出租、域名解析等网络资源服务；（2）提供信息发布或者搜索、广告推广、引流推广等网络推广服务；（3）提供应用程序、网站等网络技术、产品的制作、维护服务；（4）提供支付结算服务。

（四）填空题

1. 涉诈异常；限制功能。（《反电信网络诈骗法》第 22 条）
2. 平台以外途径；重点监测。（《反电信网络诈骗法》第 23 条）
3. 风险信息；类型、程度；反馈机制。（《反电信网络诈骗法》第 26 条）

（五）简答题

1. 答：根据《反电信网络诈骗法》第 21 条规定，电信业务经营者、互联网服务提供者为用户提供下列服务，在与用户签订协议或者确认提供服务时，应当依法要求用户提供真实身份信息，用户不提供真实身份信息的，不得提供服务：（1）提供互联网接入服务；（2）提供网络代理等网络地址转换服务；（3）提供互联网域名注册、服务器托管、空间租用、云服务、内容分发服务；（4）提供信息、软件发布服务，或者提供即时通讯、网络交易、网络游戏、网络直播发布、广告推广服务。
2. 答：根据《反电信网络诈骗法》第 25 条第 1 款规定，任何单位和个人不得为他人实施电信网络诈骗活动提供下列支持或者帮助：（1）出售、提供个人信息；（2）帮助他人通过虚拟货币交易等方式洗钱；（3）其他为电信网络诈骗活动提供支持或者帮助的行为。

第五章 综合措施

（一）判断题

1. 公安机关应当建立完善打击治理电信网络诈骗工作机制，加强专门队伍和专业技术建设，各警种、各地公安机关应当密切配合，依法有效惩处电信网络诈骗活动。（ ）
2. 个人信息处理者应当依照《中华人民共和国个人信息保护法》等法律规定，规范个人信息处理，加强个人信息保护，建立个人信息被用于电信网络诈骗的防范机制。（ ）
3. 新闻、广播、电视、文化、互联网信息服务等单位，应当面向社会有针对性地开展反电信网络诈骗宣传教育。（ ）
4. 国务院公安部门、金融管理部门、电信主管部门和国家网信部门等应当统筹负责本行业领域反制技术措施建设，推进涉电信网络诈骗样本信息数据共享，加强涉诈用户信息交叉核验，建立有关涉诈异常信息、活动的监测识别、动态封堵和处置机制。（ ）
5. 国家推进网络身份认证公共服务建设，支持个人、企业自费使用，电信业务经营者、银行业金融机构、非银行支付机构、互联网服务提供者对存在涉诈异常的电话卡、银行账户、支付账户、互联网账号，可以通过国家网络身份认证公共服务对用户身份重新进行核验。（ ）
6. 对前往电信网络诈骗活动严重地区的人员，出境活动存在涉电信网络诈骗活动嫌疑的，移民管理机构可以决定不准其出境。（ ）

（二）单项选择题

1. 公安机关办理电信网络诈骗案件，应当同时（　　）犯罪所利用的个人信息来源，依法追究相关人员和单位责任。

A. 查证　　B. 调查

C. 查实　　D. 追查

2. 对经（　　）公安机关认定的实施《反电信网络诈骗法》第31条第1款规定的行为的单位、个人和相关组织者，以及因从事电信网络诈骗活动或者关联犯罪受过刑事处罚的人员，可以按照国家有关规定记入信用记录，采取限制其有关卡、账户、账号等功能和停止非柜面业务、暂停新业务、限制入网等措施。

A. 乡级以上　　B. 县级以上

C. 市级以上　　D. 设区的市级以上

3. 依据《反电信网络诈骗法》第12条规定，对涉诈异常情形采取限制、暂停服务等处置措施的，应当告知处置原因、救济渠道及需要提交的资料等事项，被处置对象可以向作出决定或者采取措施的部门、单位提出申诉。作出决定的部门、单位应当建立完善申诉渠道，及时受理申诉并核查，核查通过的，应当（　　）解除有关措施。

A. 在8小时内　　B. 在12小时内

C. 在24小时内　　D. 即时

4. 因从事电信网络诈骗活动受过刑事处罚的人员，设区的市级以上公安机关可以根据犯罪情况和预防再犯罪的需要，决定自处罚完毕之日起（　　）不准其出境，并通知移民管理机构执行。

A. 1个月至6个月以内　　B. 3个月至1年以内

C. 6个月至3年以内　　D. 1年至3年以内

（三）多项选择题

1. 金融、电信、网信部门依照职责对（　　）落实《反电信网络诈骗法》规定情况进行监督检查。有关监督检查活动应当依法规范开展。

A. 银行业金融机构　　B. 非银行支付机构

C. 电信业务经营者　　D. 互联网服务提供者

2. 履行个人信息保护职责的部门、单位对可能被电信网络诈骗利用的（　　）、婚介信息等实施重点保护。

A. 物流信息　　B. 交易信息

C. 贷款信息　　D. 医疗信息

3. 下列关于电信网络诈骗的说法正确的是：（　　）

A. 电信业务经营者、银行业金融机构、非银行支付机构、互联网服务提供者应当对从业人员和用户开展反电信网络诈骗宣传

B. 电信业务经营者、银行业金融机构、非银行支付机构、互联网服务提供者应当在有关业务活动中对防范电信网络诈骗作出提示

C. 电信业务经营者、银行业金融机构、非银行支付机构、互联网服务提供者应当对本领域新出现的电信网络诈骗手段及时向用户作出提醒

D. 电信业务经营者、银行业金融机构、非银行支付机构、互联网服务提供者应当对非法买卖、出租、出借本人有关卡、账户、账号等被用于电信网络诈骗的法律责任作出警示

4. 下列关于电信网络诈骗的说法正确的是：（　　）

A. 公安机关应当会同金融、电信、网信部门组织银行业金融机构、非银行支付机构、电信业务经营者、互联网服务提供者等

建立预警劝阻系统

B. 对预警发现的潜在被害人，根据情况及时采取相应劝阻措施

C. 对电信网络诈骗案件应当加强追赃挽损，完善涉案资金处置制度，及时返还被害人的合法财产

D. 对遭受重大生活困难的被害人，符合国家有关救助条件的，有关方面依照规定给予救助

5. 国务院公安部门等会同外交部门加强国际执法司法合作，与有关国家、地区、国际组织建立有效合作机制，通过开展国际警务合作等方式，提升在（　　）等方面的合作水平，有效打击遏制跨境电信网络诈骗活动。

A. 信息交流　　B. 调查取证

C. 侦查抓捕　　D. 追赃挽损

（四）填空题

1. ____接到电信网络诈骗活动的报案或者发现电信网络诈骗活动，应当依照《中华人民共和国____》的规定立案侦查。

2. 任何单位和个人有权举报电信网络诈骗活动，有关部门应当依法及时处理，对提供____的举报人依照规定给予____和____。

3. 任何单位和个人不得____买卖、出租、出借电话卡、物联网卡、电信线路、短信端口、银行账户、支付账户、互联网账号等，不得提供____帮助；不得假冒他人身份或者____关系开立上述卡、账户、账号等。

4. 国家支持电信业务经营者、银行业金融机构、非银行支付机构、互联网服务提供者研究开发有关电信网络诈骗____，用于监测识别、____和处置涉诈异常信息、活动。

5. 经国务院反电信网络诈骗工作机制____，公安、金融、电信等部

门对电信网络诈骗活动严重的____，可以依照国家有关规定采取必要的____措施。

参考答案

（一）判断题

1. √，解析：根据《反电信网络诈骗法》第 27 条规定。
2. √，解析：根据《反电信网络诈骗法》第 29 条规定。
3. √，解析：根据《反电信网络诈骗法》第 30 条规定。
4. √，解析：根据《反电信网络诈骗法》第 32 条规定。
5. ×，解析：根据《反电信网络诈骗法》第 33 条规定，国家推进网络身份认证公共服务建设，支持个人、企业自愿使用，电信业务经营者、银行业金融机构、非银行支付机构、互联网服务提供者对存在涉诈异常的电话卡、银行账户、支付账户、互联网账号，可以通过国家网络身份认证公共服务对用户身份重新进行核验。
6. ×，解析：根据《反电信网络诈骗法》第 36 条第 1 款规定，对前往电信网络诈骗活动严重地区的人员，出境活动存在重大涉电信网络诈骗活动嫌疑的，移民管理机构可以决定不准其出境。

（二）单项选择题

1. A，解析：根据《反电信网络诈骗法》第 29 条第 2 款规定，履行个人信息保护职责的部门、单位对可能被电信网络诈骗利用的物流信息、交易信息、贷款信息、医疗信息、婚介信息等实施重点保护。公安机关办理电信网络诈骗案件，应当同时查证犯罪所利用的个人信息来源，依法追究相关人员和单位责任。
2. D，解析：根据《反电信网络诈骗法》第 31 条第 2 款规定，对经设区的市级以上公安机关认定的实施前款行为的单位、个人和相关组织者，以及因从事电信网络诈骗活动或者关联犯罪受过刑事处罚的人员，可以按照国家有关规定记入信用记录，采取限制其有关卡、账户、账号等功能和停止非柜面业务、暂停新业务、限制入网等措施。对上述认定和措施有异议的，可以提出申诉，有关部门应当建立健全申诉渠道、信用修复和救济制度。具体办法由国务院公安部门会同有关主管部门规定。

3. D，解析：根据《反电信网络诈骗法》第32条第3款规定，依据本法第11条、第12条、第18条、第22条和前款规定，对涉诈异常情形采取限制、暂停服务等处置措施的，应当告知处置原因、救济渠道及需要提交的资料等事项，被处置对象可以向作出决定或者采取措施的部门、单位提出申诉。作出决定的部门、单位应当建立完善申诉渠道，及时受理申诉并核查，核查通过的，应当即时解除有关措施。

4. C，解析：根据《反电信网络诈骗法》第36条第2款规定，因从事电信网络诈骗活动受过刑事处罚的人员，设区的市级以上公安机关可以根据犯罪情况和预防再犯罪的需要，决定自处罚完毕之日起6个月至3年以内不准其出境，并通知移民管理机构执行。

（三）多项选择题

1. ABCD，解析：根据《反电信网络诈骗法》第28条规定，金融、电信、网信部门依照职责对银行业金融机构、非银行支付机构、电信业务经营者、互联网服务提供者落实本法规定情况进行监督检查。有关监督检查活动应当依法规范开展。

2. ABCD，解析：根据《反电信网络诈骗法》第29条第2款规定，履行个人信息保护职责的部门、单位对可能被电信网络诈骗利用的物流信息、交易信息、贷款信息、医疗信息、婚介信息等实施重点保护。公安机关办理电信网络诈骗案件，应当同时查证犯罪所利用的个人信息来源，依法追究相关人员和单位责任。

3. ABCD，解析：根据《反电信网络诈骗法》第30条第1款规定，电信业务经营者、银行业金融机构、非银行支付机构、互联网服务提供者应当对从业人员和用户开展反电信网络诈骗宣传，在有关业务活动中对防范电信网络诈骗作出提示，对本领域新出现的电信网络诈骗手段及时向用户作出提醒，对非法买卖、出租、出借本人有关卡、账户、账号等被用于电信网络诈骗的法律责任作出警示。

4. ABCD，解析：根据《反电信网络诈骗法》第 34 条规定，公安机关应当会同金融、电信、网信部门组织银行业金融机构、非银行支付机构、电信业务经营者、互联网服务提供者等建立预警劝阻系统，对预警发现的潜在被害人，根据情况及时采取相应劝阻措施。对电信网络诈骗案件应当加强追赃挽损，完善涉案资金处置制度，及时返还被害人的合法财产。对遭受重大生活困难的被害人，符合国家有关救助条件的，有关方面依照规定给予救助。
5. ABCD，解析：根据《反电信网络诈骗法》第 37 条规定，国务院公安部门等会同外交部门加强国际执法司法合作，与有关国家、地区、国际组织建立有效合作机制，通过开展国际警务合作等方式，提升在信息交流、调查取证、侦查抓捕、追赃挽损等方面的合作水平，有效打击遏制跨境电信网络诈骗活动。

（四）填空题

1. 公安机关；刑事诉讼法。（《反电信网络诈骗法》第 27 条）
2. 有效信息；奖励；保护。（《反电信网络诈骗法》第 30 条）
3. 非法；实名核验；虚构代理。（《反电信网络诈骗法》第 31 条）
4. 反制技术；动态封堵。（《反电信网络诈骗法》第 32 条）
5. 决定或者批准；特定地区；临时风险防范。（《反电信网络诈骗法》第 35 条）

第六章 法律责任

（一）判断题

1. 电信业务经营者违反《反电信网络诈骗法》规定，未落实国家有关规定确定的反电信网络诈骗内部控制机制的，由有关主管部门责令改正，情节较轻的，给予警告、通报批评，或者处5万元以上50万元以下罚款。（ ）

2. 违反《反电信网络诈骗法》第25条第2款规定，由有关主管部门责令改正，情节较轻的，给予警告、通报批评，或者处10万元以上50万元以下罚款；情节严重的，处50万元以上500万元以下罚款，并可以由有关主管部门责令暂停相关业务、停业整顿、关闭网站或者应用程序，对其直接负责的主管人员和其他直接责任人员，处1万元以上20万元以下罚款。（ ）

3. 反电信网络诈骗工作有关部门、单位的工作人员滥用职权、玩忽职守、徇私舞弊，或者有其他违反《反电信网络诈骗法》规定行为，构成犯罪的，依法追究刑事责任。（ ）

4. 电信业务经营者、银行业金融机构、非银行支付机构、互联网服务提供者等违反《反电信网络诈骗法》规定，造成他人损害的，依照《中华人民共和国民法典》等法律的规定承担民事责任。（ ）

5. 人民检察院在履行反电信网络诈骗职责中，对于侵害国家利益和社会公共利益的行为，可以依法向人民法院提起检察建议。（ ）

（二）单项选择题

1. 组织、策划、实施、参与电信网络诈骗活动尚不构成犯罪的，由公安机关处（　　）拘留；没收违法所得，处违法所得1倍以上10倍以下罚款，没有违法所得或者违法所得不足1万元的，处10万元以下罚款。

A. 10日以上15日以下　　B. 10日以下

C. 5日以上10日以下　　D. 5日以下

2. 银行业金融机构、非银行支付机构违反《反电信网络诈骗法》规定，未落实国家有关规定确定的反电信网络诈骗内部控制机制的，由有关主管部门责令改正，情节较轻的，给予警告、通报批评，或者处5万元以上50万元以下罚款；情节严重的，处（　　）。

A. 100万元以上500万元以下罚款，并由有关主管部门责令停止新增业务、缩减业务类型或者业务范围、暂停相关业务、停业整顿、吊销相关业务许可证或者吊销营业执照，对其直接负责的主管人员和其他直接责任人员，处1万元以上20万元以下罚款

B. 50万元以上500万元以下罚款，并可以由有关主管部门责令停止新增业务、缩减业务类型或者业务范围、暂停相关业务、停业整顿、吊销相关业务许可证或者吊销营业执照，对其直接负责的主管人员和其他直接责任人员，处2万元以上20万元以下罚款

C. 50万元以上500万元以下罚款，并可以由有关主管部门责令停止新增业务、缩减业务类型或者业务范围、暂停相关业务、停业整顿、吊销相关业务许可证或者吊销营业执照，对其直接负责的主管人员和其他直接责任人员，处1万元以上20万元

以下罚款

D. 100 万元以上 500 万元以下罚款，并可以由有关主管部门责令停止新增业务、缩减业务类型或者业务范围、暂停相关业务、停业整顿、吊销相关业务许可证或者吊销营业执照，对其直接负责的主管人员和其他直接责任人员，处 1 万元以上 20 万元以下罚款

3. 违反《反电信网络诈骗法》第 31 条第 1 款规定的，没收违法所得，由公安机关处违法所得 1 倍以上 10 倍以下罚款，没有违法所得或者违法所得不足（　　）的，处 20 万元以下罚款；情节严重的，并处 15 日以下拘留。

A. 1 万元　　B. 2 万元

C. 3 万元　　D. 5 万元

（三）多项选择题

1. 电信业务经营者违反《反电信网络诈骗法》规定，（　　），由有关主管部门责令改正，情节较轻的，给予警告、通报批评，或者处要 5 万元以上 50 万元以下罚款。

A. 未履行电话卡、物联网卡实名制登记职责的

B. 未履行对电话卡、物联网卡的监测识别、监测预警和相关处置职责的

C. 未对物联网卡用户进行风险评估，或者未限定物联网卡的开通功能、使用场景和适用设备的

D. 未采取措施对改号电话、虚假主叫或者具有相应功能的非法设备进行监测处置的

2. 有关单位和个人对依照《反电信网络诈骗法》作出的行政处罚和行政强制措施决定不服的，可以依法（　　）。

A. 申请行政仲裁　　B. 申请行政复议
C. 申请仲裁　　D. 提起行政诉讼

（四）填空题

1. 组织、____、实施、____电信网络诈骗活动或者为电信网络诈骗活动提供____，构成犯罪的，依法追究刑事责任。
2. 银行业金融机构、非银行支付机构违反《反电信网络诈骗法》规定，未履行对____、可疑交易的风险监测和相关____义务的，由有关主管部门责令改正，情节较轻的，给予警告、通报批评，或者处 5 万元以上 50 万元以下罚款；情节严重的，处 50 万元以上 500 万元以下罚款，并可以由有关主管部门责令____新增业务、____业务类型或者业务范围、暂停相关业务、停业整顿、吊销相关业务许可证或者____营业执照，对其直接负责的主管人员和其他直接责任人员，处 1 万元以上 20 万元以下罚款。
3. 违反《反电信网络诈骗法》第 14 条、第 25 条第 1 款规定的，____违法所得，由公安机关或者有关主管部门处违法所得____罚款，没有违法所得或者违法所得不足 5 万元的，处 50 万元以下罚款；情节严重的，由公安机关并处____以下拘留。
4. 组织、策划、实施、参与电信网络诈骗活动或者为电信网络诈骗活动提供相关____的违法犯罪人员，除依法承担____责任、行政责任以外，造成他人____的，依照《中华人民共和国____》等法律的规定承担民事责任。

（五）简答题

简述可以给予电信业务经营者、互联网服务提供者责令暂停相关业务、停业整顿、关闭网站或者应用程序、吊销相关业务许可证或者吊销营业执照处罚的情形。

参考答案

（一）判断题

1. √，解析：根据《反电信网络诈骗法》第 39 条规定。
2. ×，解析：根据《反电信网络诈骗法》第 43 条规定，违反本法第 25 条第 2 款规定，由有关主管部门责令改正，情节较轻的，给予警告、通报批评，或者处 5 万元以上 50 万元以下罚款；情节严重的，处 50 万元以上 500 万元以下罚款，并可以由有关主管部门责令暂停相关业务、停业整顿、关闭网站或者应用程序，对其直接负责的主管人员和其他直接责任人员，处 1 万元以上 20 万元以下罚款。
3. √，解析：根据《反电信网络诈骗法》第 45 条规定。
4. √，解析：根据《反电信网络诈骗法》第 46 条规定。
5. ×，解析：根据《反电信网络诈骗法》第 47 条规定，人民检察院在履行反电信网络诈骗职责中，对于侵害国家利益和社会公共利益的行为，可以依法向人民法院提起公益诉讼。

（二）单项选择题

1. A，解析：根据《反电信网络诈骗法》第 38 条规定，组织、策划、实施、参与电信网络诈骗活动或者为电信网络诈骗活动提供帮助，构成犯罪的，依法追究刑事责任。前款行为尚不构成犯罪的，由公安机关处 10 日以上 15 日以下拘留；没收违法所得，处违法所得 1 倍以上 10 倍以下罚款，没有违法所得或者违法所得不足 1 万元的，处 10 万元以下罚款。
2. C，解析：根据《反电信网络诈骗法》第 40 条规定，银行业金融机构、非银行支付机构违反本法规定，有下列情形之一的，由有关主管部门责令改正，情节较轻的，给予警告、通报批评，或者处 5 万元以上50万元以下罚款；情节严重的，处50万元以上500万元以下罚款，并可以由有关主管部门责令停止新增业务、缩减业务类型或者业务范围、暂停相关业务、停业整顿、吊销相关业务许可证或者吊销营业执照，对其直接负责的主管人员和其他直接责任人员，处1万元以上20万元以下罚款：（1）未落实国家有关规定确定的反电信网络诈骗内部控制机制的；（2）未履行尽职调查义务和有关风险管理措施的；（3）未履行对异常账户、可疑交易的风险监测和相关处置义务的；（4）未按照规定完整、准确传输有关交易信息的。

3. B，解析：根据《反电信网络诈骗法》第44条规定，违反本法第31条第1款规定的，没收违法所得，由公安机关处违法所得1倍以上10倍以下罚款，没有违法所得或者违法所得不足2万元的，处20万元以下罚款；情节严重的，并处15日以下拘留。

（三）多项选择题

1. ABCD，解析：根据《反电信网络诈骗法》第39条规定，电信业务经营者违反本法规定，有下列情形之一的，由有关主管部门责令改正，情节较轻的，给予警告、通报批评，或者处5万元以上50万元以下罚款；情节严重的，处50万元以上500万元以下罚款，并可以由有关主管部门责令暂停相关业务、停业整顿、吊销相关业务许可证或者吊销营业执照，对其直接负责的主管人员和其他直接责任人员，处1万元以上20万元以下罚款：（1）未落实国家有关规定确定的反电信网络诈骗内部控制机制的；（2）未履行电话卡、物联网卡实名制登记职责的；（3）未履行对电话卡、物联网卡的监测识别、监测预警和相关处置职责的；（4）未对物联网卡用户进行风险评估，或者未限定物联网卡的开通功能、使用场景和适用设备的；（5）未采取措施对改号电话、虚假主叫或者具有相应功能的非法设备进行监测处置的。

2. BD，解析：根据《反电信网络诈骗法》第48条规定，有关单位和个人对依照本法作出的行政处罚和行政强制措施决定不服的，可以依法申请行政复议或者提起行政诉讼。

（四）填空题

1. 策划；参与；帮助。（《反电信网络诈骗法》第 38 条）
2. 异常账户；处置；停止；缩减；吊销。（《反电信网络诈骗法》第 40 条）
3. 没收；1 倍以上 10 倍以下；15 日。（《反电信网络诈骗法》第 42 条）
4. 帮助；刑事；损害；民法典。（《反电信网络诈骗法》第 46 条）

（五）简答题

答：根据《反电信网络诈骗法》第 41 条规定，电信业务经营者、互联网服务提供者违反本法规定，有下列情形之一的，由有关主管部门责令改正，情节较轻的，给予警告、通报批评，或者处 5 万元以上 50 万元以下罚款；情节严重的，处 50 万元以上 500 万元以下罚款，并可以由有关主管部门责令暂停相关业务、停业整顿、关闭网站或者应用程序、吊销相关业务许可证或者吊销营业执照，对其直接负责的主管人员和其他直接责任人员，处 1 万元以上 20 万元以下罚款：（1）未落实国家有关规定确定的反电信网络诈骗内部控制机制的；（2）未履行网络服务实名制职责，或者未对涉案、涉诈电话卡关联注册互联网账号进行核验的；（3）未按照国家有关规定，核验域名注册、解析信息和互联网协议地址的真实性、准确性，规范域名跳转，或者记录并留存所提供相应服务的日志信息的；（4）未登记核验移动互联网应用程序开发运营者的真实身份信息或者未核验应用程序的功能、用途，为其提供应用程序封装、分发服务的；（5）未履行对涉诈互联网账号和应用程序，以及其他电信网络诈骗信息、活动的监测识别和处置义务的；（6）拒不依法为查处电信网络诈骗犯罪提供技术支持和协助，或者未按规定移送有关违法犯罪线索、风险信息的。

第七章　附　　则

（一）单项选择题

《反电信网络诈骗法》自（　　）起施行。

A. 2022 年 10 月 1 日　　B. 2022 年 11 月 1 日

C. 2022 年 12 月 1 日　　D. 2023 年 1 月 1 日

（二）填空题

反电信网络诈骗工作涉及的有关管理和责任制度，《反电信网络诈骗法》没有规定的，适用《中华人民共和国____》、《中华人民共和国____》、《中华人民共和国____》等相关法律规定。

参考答案

（一）单项选择题

C，解析：根据《反电信网络诈骗法》第 50 条规定，本法自 2022 年 12 月 1 日起施行。

（二）填空题

网络安全法；个人信息保护法；反洗钱法。（《反电信网络诈骗法》第 49 条）

二、电信条例

（一）判断题

1. 《电信条例》所称电信，是指利用有线、无线的电磁系统或者光电系统，传送、发射或者接收语音、文字、数据、图像以及其他任何形式信息的活动。(　　)
2. 主导的电信业务经营者应当按照非歧视和透明化的原则，制定包括网间互联的程序、时限、非捆绑网络元素目录等内容的互联规程。互联规程应当报国务院办公厅审查同意。该互联规程对主导的电信业务经营者的互联互通活动具有约束力。(　　)
3. 电信用户申告电信服务障碍的，电信业务经营者应当自接到申告之日起，城镇 24 小时、农村 48 小时内修复或者调通；不能按期修复或者调通的，应当及时通知电信用户，并免收障碍期间的月租费用。但是，属于电信终端设备的原因造成电信服务障碍的除外。(　　)
4. 城市建设和村镇、集镇建设应当配套设置电信设施。建筑物内的电信管线和配线设施以及建设项目用地范围内的电信管道，应当纳入建设项目的设计文件，并随建设项目同时施工与验收。所需经费应当纳入建设项目概算。(　　)
5. 违反《电信条例》第 41 条的规定，在电信业务经营活动中进行不正当竞争的，由国务院信息产业主管部门或者省、自治区、直辖市电信管理机构依据职权责令改正，处 1 万元以上 10 万元以下罚款；情节严重的，责令停业整顿。(　　)

（二）单项选择题

1. 国家对电信业务经营按照电信业务分类，实行（　　）制度。

A. 批准　　B. 许可

C. 审判　　D. 备案

2. 申请经营基础电信业务，应当向国务院信息产业主管部门提出申请，并提交《电信条例》第10条规定的相关文件。国务院信息产业主管部门应当自受理申请之日起（　　）日内审查完毕，作出批准或者不予批准的决定。予以批准的，颁发《基础电信业务经营许可证》；不予批准的，应当书面通知申请人并说明理由。

A. 90　　B. 120

C. 180　　D. 240

3. 电信业务经营者应当根据国务院信息产业主管部门和省、自治区、直辖市电信管理机构的要求，提供（　　）的业务成本数据及其他有关资料。

A. 准确、完备　　B. 准确、完整

C. 真实、完备　　D. 真实、完整

4. 电信用户申请安装、移装电信终端设备的，电信业务经营者应当在其公布的时限内保证装机开通；由于电信业务经营者的原因逾期未能装机开通的，应当每日按照收取的安装费、移装费或者其他费用数额（　　）的比例，向电信用户支付违约金。

A. 0.1%　　B. 0.5%

C. 0.7%　　D. 1%

5. 基础电信业务经营者可以在民用建筑物上附挂电信线路或者设置小型天线、移动通信基站等公用电信设施，但是应当事先通知建筑物产权人或者使用人，并按照（　　）规定的标准向该建筑物的产权人或者其他权利人支付使用费。

A. 国务院　　B. 省、自治区、直辖市人民政府

C. 设区的市、自治州人民政府　　D. 区、县、自治县人民政府

（三）多项选择题

1. 国务院信息产业主管部门审查经营基础电信业务的申请时，应当考虑（　　）和电信市场的竞争状况等因素。颁发《基础电信业务经营许可证》，应当按照国家有关规定采用招标方式。

A. 国家安全　　B. 电信网络安全

C. 电信资源可持续利用　　D. 环境保护

2. 电信业务经营者应当按照国家规定的电信服务标准向电信用户提供服务。电信业务经营者提供服务的（　　），应当向社会公布，并报省、自治区、直辖市电信管理机构备案。

A. 种类　　B. 范围

C. 资费标准　　D. 时限

3. 经营本地电话业务和移动电话业务的电信业务经营者，应当免费向用户提供（　　）等公益性电信服务并保障通信线路畅通。

A. 火警　　B. 匪警

C. 医疗急救　　D. 交通事故报警

4. 城市建设和村镇、集镇建设应当配套设置电信设施。有关单位或者部门规划、建设（　　）等，应当事先通知省、自治区、直辖市电信管理机构和电信业务经营者，协商预留电信管线等事宜。

A. 道路　　B. 桥梁

C. 隧道　　D. 地下铁道

5. 下列关于电信安全的说法正确的是：（　　）

A. 电信业务经营者应当按照国家有关电信安全的规定，建立健全

内部安全保障制度，实行安全保障责任制

B. 电信业务经营者在电信网络的设计、建设和运行中，应当做到与国家安全和电信网络安全的需求同步规划，同步建设，同步运行

C. 电信用户使用电信网络传输的信息属于国家秘密信息的，必须依照保守国家秘密法的规定采取保密措施

D. 在发生自然灾害等紧急情况下，经国务院批准，国务院信息产业主管部门可以调用各种电信设施，确保重要通信畅通。

（四）填空题

1. 电信监督管理遵循____、破除垄断、鼓励竞争、促进发展和____的原则。电信业务经营者应当依法经营，遵守商业道德，接受依法实施的____。
2. 电信网之间应当按照____、经济合理、公平公正、____的原则，实现互联互通。
3. 电信用户应当按照____的时间和方式及时、____地向电信业务经营者交纳电信费用；电信用户逾期不交纳电信费用的，电信业务经营者有权要求补交电信费用，并可以按照所欠费用每日加收____的违约金。
4. 任何单位或者个人不得____改动或者迁移他人的电信线路及其他电信设施；遇有特殊情况必须改动或者迁移的，应当征得该电信设施____同意，由提出改动或者迁移要求的单位或者个人承担改动或者迁移所需____，并赔偿由此造成的____损失。
5. 电信用户依法使用电信的自由和____受法律保护。除因____或者追查刑事犯罪的需要，由公安机关、国家安全机关或者____依照法律规定的程序对电信内容进行检查外，任何组织或者个人____

以任何理由对电信内容进行检查。

（五）简答题

1. 简述经营基础电信业务应当具备的条件。
2. 简述电信业务经营者在电信服务中不得有的行为。
3. 简述电信业务经营者在电信业务经营活动中不得有的行为。

参考答案

（一）判断题

1. √，解析：根据《电信条例》第 2 条规定。
2. ×，解析：根据《电信条例》第 18 条规定，主导的电信业务经营者应当按照非歧视和透明化的原则，制定包括网间互联的程序、时限、非捆绑网络元素目录等内容的互联规程。互联规程应当报国务院信息产业主管部门审查同意。该互联规程对主导的电信业务经营者的互联互通活动具有约束力。
3. ×，解析：根据《电信条例》第 32 条规定，电信用户申告电信服务障碍的，电信业务经营者应当自接到申告之日起，城镇 48 小时、农村 72 小时内修复或者调通；不能按期修复或者调通的，应当及时通知电信用户，并免收障碍期间的月租费用。但是，属于电信终端设备的原因造成电信服务障碍的除外。
4. √，解析：根据《电信条例》第 45 条规定。
5. ×，解析：根据《电信条例》第 71 条规定，违反本条例第 41 条的规定，在电信业务经营活动中进行不正当竞争的，由国务院信息产业主管部门或者省、自治区、直辖市电信管理机构依据职权责令改正，处 10 万元以上 100 万元以下罚款；情节严重的，责令停业整顿。

（二）单项选择题

1. B，解析：根据《电信条例》第 7 条第 1 款规定，国家对电信业务经营按照电信业务分类，实行许可制度。
2. C，解析：根据《电信条例》第 11 条规定，申请经营基础电信业务，应当向国务院信息产业主管部门提出申请，并提交本条例第 10 条规定的相关文件。国务院信息产业主管部门应当自受理申请之日起 180 日内审查完毕，作出批准或者不予批准的决定。予以批准的，颁发《基础电信业务经营许可证》；不予批准的，应当书面通知申请人并说明理由。
3. A，解析：根据《电信条例》第 25 条规定，电信业务经营者应当根据国务院信息产业主管部门和省、自治区、直辖市电信管理机构的要求，提供准确、完备的业务成本数据及其他有关资料。
4. D，解析：根据《电信条例》第 31 条规定，电信用户申请安装、移装电信终端设备的，电信业务经营者应当在其公布的时限内保证装机开通；由于电信业务经营者的原因逾期未能装机开通的，应当每日按照收取的安装费、移装费或者其他费用数额 1%的比例，向电信用户支付违约金。
5. B，解析：根据《电信条例》第 46 条规定，基础电信业务经营者可以在民用建筑物上附挂电信线路或者设置小型天线、移动通信基站等公用电信设施，但是应当事先通知建筑物产权人或者使用人，并按照省、自治区、直辖市人民政府规定的标准向该建筑物的产权人或者其他权利人支付使用费。

（三）多项选择题

1. ABCD，解析：根据《电信条例》第 12 条规定，国务院信息产业主管部门审查经营基础电信业务的申请时，应当考虑国家安全、电信网络安全、电信资源可持续利用、环境保护和电信市场的竞争状况等因素。颁发《基础电信业务经营许可证》，应当按照国家有关规定采用招标方式。

2. ABCD，解析：根据《电信条例》第 30 条规定，电信业务经营者应当按照国家规定的电信服务标准向电信用户提供服务。电信业务经营者提供服务的种类、范围、资费标准和时限，应当向社会公布，并报省、自治区、直辖市电信管理机构备案。
3. ABCD，解析：根据《电信条例》第 36 条规定，经营本地电话业务和移动电话业务的电信业务经营者，应当免费向用户提供火警、匪警、医疗急救、交通事故报警等公益性电信服务并保障通信线路畅通。
4. ABCD，解析：根据《电信条例》第 45 条第 2 款规定，有关单位或者部门规划、建设道路、桥梁、隧道或者地下铁道等，应当事先通知省、自治区、直辖市电信管理机构和电信业务经营者，协商预留电信管线等事宜。
5. ABC，解析：根据《电信条例》第 59 条规定，电信业务经营者应当按照国家有关电信安全的规定，建立健全内部安全保障制度，实行安全保障责任制。根据《电信条例》第 60 条规定，电信业务经营者在电信网络的设计、建设和运行中，应当做到与国家安全和电信网络安全的需求同步规划，同步建设，同步运行。根据《电信条例》第 62 条规定，使用电信网络传输信息的内容及其后果由电信用户负责。电信用户使用电信网络传输的信息属于国家秘密信息的，必须依照保守国家秘密法的规定采取保密措施。根据《电信条例》第 63 条规定，在发生重大自然灾害等紧急情况下，经国务院批准，国务院信息产业主管部门可以调用各种电信设施，确保重要通信畅通。

（四）填空题

1. 政企分开；公开、公平、公正；监督检查。（《电信条例》第 4 条）
2. 技术可行；相互配合。（《电信条例》第 17 条）
3. 约定；足额；3‰。（《电信条例》第 34 条）

4. 擅自；产权人；费用；经济。（《电信条例》第48条）
5. 通信秘密；国家安全；人民检察院；不得。（《电信条例》第65条）

（五）简答题

1. 答：根据《电信条例》第10条规定，经营基础电信业务，应当具备下列条件：（1）经营者为依法设立的专门从事基础电信业务的公司，且公司中国有股权或者股份不少于51%；（2）有可行性研究报告和组网技术方案；（3）有与从事经营活动相适应的资金和专业人员；（4）有从事经营活动的场地及相应的资源；（5）有为用户提供长期服务的信誉或者能力；（6）国家规定的其他条件。
2. 答：根据《电信条例》第40条规定，电信业务经营者在电信服务中，不得有下列行为：（1）以任何方式限定电信用户使用其指定的业务；（2）限定电信用户购买其指定的电信终端设备或者拒绝电信用户使用自备的已经取得入网许可的电信终端设备；（3）无正当理由拒绝、拖延或者中止对电信用户的电信服务；（4）对电信用户不履行公开作出的承诺或者作容易引起误解的虚假宣传；（5）以不正当手段刁难电信用户或者对投诉的电信用户打击报复。
3. 答：根据《电信条例》第41条规定，电信业务经营者在电信业务经营活动中，不得有下列行为：（1）以任何方式限制电信用户选择其他电信业务经营者依法开办的电信服务；（2）对其经营的不同业务进行不合理的交叉补贴；（3）以排挤竞争对手为目的，低于成本提供电信业务或者服务，进行不正当竞争。

三、网络安全法

（一）判断题

1. 为了保障网络安全，维护网络空间主权和国家安全、社会公共利益，保护公民、法人和其他组织的合法权益，促进经济社会信息化健康发展，制定《网络安全法》。（　　）
2. 国家倡导诚实守信、健康文明的网络行为，推动传播社会主义核心价值观，采取措施提高重点人群的网络安全意识和水平，形成全社会共同参与促进网络安全的良好环境。（　　）
3. 国家电信部门负责统筹协调网络安全工作和相关监督管理工作。国务院网信主管部门、公安部门和其他有关机关依照《网络安全法》和有关法律、行政法规的规定，在各自职责范围内负责网络安全保护和监督管理工作。（　　）
4. 建设、运营网络或者通过网络提供服务，应当依照法律、行政法规的规定和国家标准的强制性要求，采取技术措施和其他必要措施，保障网络安全、稳定运行，有效应对网络安全事件，防范网络违法犯罪活动，维护网络数据的完整性、保密性和可用性。（　　）
5. 任何个人和组织有权对危害网络安全的行为向网信、电信、公安等部门举报。收到举报的部门应当及时依法作出处理；不属于本部门职责的，应当及时移送有权处理的部门。（　　）
6. 网络安全国家标准、行业标准只能由国务院标准化行政主管部门制定，国家限制企业、研究机构、高等学校、网络相关行业组织

参与网络安全国家标准、行业标准的制定。（　　）

7. 国家支持企业和高等学校、职业学校等教育培训机构开展网络安全相关教育与培训，采取多种方式培养网络安全人才，促进网络安全人才交流。（　　）

8. 国家实行网络安全等级保护制度。（　　）

9. 网络运营者为用户办理网络接入、域名注册服务，办理固定电话、移动电话等入网手续，或者为用户提供信息发布、即时通讯等服务，在与用户签订协议或者确认提供服务时，可以要求用户提供任意人员的身份信息。（　　）

10. 在发生危害网络安全的事件时，立即启动应急预案，采取相应的补救措施，并按照规定在 24 小时内向有关主管部门报告。（　　）

11. 有关行业组织建立健全本行业的网络安全保护规范和协作机制，加强对网络安全风险的分析评估，不定期向会员进行风险警示，支持、协助会员应对网络安全风险。（　　）

12. 国家对公共通信和信息服务、能源、交通、水利、金融、公共服务、电子政务等重要行业和领域，以及其他一旦遭到破坏、丧失功能或者数据泄露，可能严重危害国家安全、国计民生、公共利益的关键信息基础设施，在网络安全等级保护制度的基础上，实行重点保护。（　　）

13. 关键信息基础设施的运营者采购网络产品和服务，可能影响国家安全的，应当通过国家电信部门会同国务院有关部门组织的国家安全审查。（　　）

14. 关键信息基础设施的运营者在中华人民共和国境内运营中收集和产生的个人信息和重要数据应当在境内存储。因业务需要，确需向境外提供的，应当按照国家网信部门会同国家安全部门制定的

办法进行安全评估；法律、行政法规另有规定的，依照其规定。（　　）

15. 网络运营者不得收集与其提供的服务无关的个人信息，不得违反法律、行政法规的规定和双方的约定收集、使用个人信息，并应当依照法律、行政法规的规定和与用户的约定，处理其保存的个人信息。（　　）

16. 在发生或者可能发生个人信息泄露、毁损、丢失的情况时，网络运营者应当立即采取补救措施，按照规定及时告知用户并向有关主管部门报告。（　　）

17. 网络运营者应当加强对其用户发布的信息的管理，发现法律、行政法规禁止发布或者传输的信息的，应当在 24 小时内停止传输该信息，采取消除等处置措施，防止信息扩散，保存有关记录，并向有关主管部门报告。（　　）

18. 因维护国家安全和社会公共秩序，处置突发社会安全事件的需要，经国务院决定或者批准，可以在特定区域对网络通信采取限制等临时措施。（　　）

19. 网络运营者，是指网络的所有者、管理者和网络服务提供者。（　　）

20. 个人信息，是指以电子或者其他方式记录的能够单独或者与其他信息结合识别自然人个人身份的各种信息，包括但不限于自然人的姓名、出生日期、身份证件号码、个人生物识别信息、住址、电话号码等。（　　）

（二）单项选择题

1. 国家制定并不断完善网络安全战略，明确保障网络安全的（　　），提出重点领域的网络安全政策、工作任务和措施。

A. 基本要求和主要目标　　　　B. 主要要求和基本目标

C. 基本要求和基本目标　　　　D. 主要要求和主要目标

2. 网络相关行业组织按照章程，加强行业自律，制定网络安全行为规范，（　　）会员加强网络安全保护，提高网络安全保护水平，促进行业健康发展。

A. 倡导　　　　B. 要求

C. 指导　　　　D. 监督

3. 国家支持研究开发有利于未成年人健康成长的网络产品和服务，依法（　　）利用网络从事危害未成年人身心健康的活动，为未成年人提供安全、健康的网络环境。

A. 处治　　　　B. 惩治

C. 处理　　　　D. 打击

4. 国务院和省、自治区、直辖市人民政府应当统筹规划，加大投入，扶持（　　）网络安全技术产业和项目，支持网络安全技术的研究开发和应用，推广安全可信的网络产品和服务，保护网络技术知识产权，支持企业、研究机构和高等学校等参与国家网络安全技术创新项目。

A. 重点　　　　B. 重要

C. 基础　　　　D. 所有

5. 大众传播媒介应当有针对性地面向（　　）进行网络安全宣传教育。

A. 政府部门　　　　B. 领导干部

C. 青少年　　　　D. 社会

6. 国家支持网络运营者之间在网络安全信息（　　）等方面进行合作，提高网络运营者的安全保障能力。

A. 采集、分析、通报和应急处置

B. 收集、说明、通报和应急处置

C. 收集、分析、汇报和应急处置

D. 收集、分析、通报和应急处置

7. 关键信息基础设施的运营者应当自行或者委托网络安全服务机构对其网络的安全性和可能存在的风险（　　）至少进行一次检测评估，并将检测评估情况和改进措施报送相关负责关键信息基础设施安全保护工作的部门。

A. 每月　　B. 每季

C. 每半年　　D. 每年

8. 依法负有网络安全监督管理职责的部门及其工作人员，必须对在履行职责中知悉的（　　）严格保密，不得泄露、出售或者非法向他人提供。

A. 个人信息和商业秘密　　B. 个人隐私和商业秘密

C. 个人信息和个人隐私　　D. 个人信息、隐私和商业秘密

9. 电子信息发送服务提供者和应用软件下载服务提供者，应当履行（　　）义务，知道其用户有《网络安全法》第 48 条第 1 款规定行为的，应当停止提供服务，采取消除等处置措施，保存有关记录，并向有关主管部门报告。

A. 安全监督　　B. 安全监管

C. 安全管理　　D. 安全管制

10. （　　）以上人民政府有关部门在履行网络安全监督管理职责中，发现网络存在较大安全风险或者发生安全事件的，可以按照规定的权限和程序对该网络的运营者的法定代表人或者主要负责人进行约谈。网络运营者应当按照要求采取措施，进行整改，消除隐患。

A. 省级　　B. 市级

C. 县级　　　　　　　　D. 乡级

11. 网络运营者不履行《网络安全法》第21条、第25条规定的网络安全保护义务的，由有关主管部门责令改正，给予警告；拒不改正或者导致危害网络安全等后果的，处（　　）罚款，对直接负责的主管人员处5000元以上5万元以下罚款。

A. 1万元以上3万元以下　　　　B. 1万元以上5万元以下

C. 1万元以上10万元以下　　　　D. 5万元以上10万元以下

12. 违反《网络安全法》第27条规定，受到治安管理处罚的人员，（　　）年内不得从事网络安全管理和网络运营关键岗位的工作；受到刑事处罚的人员，终身不得从事网络安全管理和网络运营关键岗位的工作。

A. 2　　　　B. 3

C. 5　　　　D. 10

13. 境外的机构、组织、个人从事攻击、侵入、干扰、破坏等危害中华人民共和国的关键信息基础设施的活动，造成严重后果的，依法追究法律责任；（　　）和有关部门并可以决定对该机构、组织、个人采取冻结财产或者其他必要的制裁措施。

A. 国务院公安部门　　　　B. 国家安全部门

C. 司法部门　　　　D. 国务院司法行政部门

（三）多项选择题

1. 在中华人民共和国境内（　　）网络，以及网络安全的监督管理，适用《网络安全法》。

A. 建设　　　　B. 运营

C. 维护　　　　D. 使用

2. 国家采取措施，监测、防御、处置来源于中华人民共和国境内外的网络安全风险和威胁，保护关键信息基础设施免受（　　），依法惩治网络违法犯罪活动，维护网络空间安全和秩序。

A. 攻击　　B. 侵入

C. 干扰　　D. 破坏

3. 国家积极开展网络空间治理、网络技术研发和标准制定、打击网络违法犯罪等方面的国际交流与合作，推动构建和平、安全、开放、合作的网络空间，建立（　　）的网络治理体系。

A. 平等　　B. 多边

C. 民主　　D. 透明

4. 国务院标准化行政主管部门和国务院其他有关部门根据各自的职责，组织制定并适时修订有关网络安全管理以及网络产品、服务和运行安全的（　　）。

A. 国家标准　　B. 地区标准

C. 行业标准　　D. 区域标准

5. 国家推进网络安全社会化服务体系建设，鼓励有关企业、机构开展网络安全（　　）等安全服务。

A. 评级　　B. 认证

C. 检测　　D. 风险评估

6. 国家鼓励开发网络数据安全（　　）技术，促进公共数据资源开放，推动技术创新和经济社会发展。

A. 保障　　B. 保护

C. 使用　　D. 利用

7. 下列关于网络安全的说法正确的是：（　　）

A. 网络产品、服务应当符合相关国家标准的强制性要求

B. 网络产品、服务的提供者不得设置恶意程序

C. 网络产品、服务的提供者应当为其产品、服务持续提供安全维

护；在规定或者当事人约定的期限内，不得终止提供安全维护

D. 网络产品、服务具有收集用户信息功能的，其提供者应当向用户明示并取得同意

8. 国家实施网络可信身份战略，支持研究开发（　　）的电子身份认证技术，推动不同电子身份认证之间的互认。

A. 迅捷　　B. 安全

C. 方便　　D. 快速

9. 网络运营者应当制定网络安全事件应急预案，及时处置（　　）等安全风险。

A. 系统漏洞　　B. 计算机病毒

C. 网络攻击　　D. 网络侵入

10. 建设关键信息基础设施应当确保其具有支持业务稳定、持续运行的性能，并保证安全技术措施（　　）。

A. 同步规划　　B. 同步修订

C. 同步建设　　D. 同步使用

11. 网络运营者收集、使用个人信息，应当遵循（　　）的原则，公开收集、使用规则，明示收集、使用信息的目的、方式和范围，并经被收集者同意。

A. 合法　　B. 正当

C. 必要　　D. 公开

12. 网络运营者不得（　　）其收集的个人信息；未经被收集者同意，不得向他人提供个人信息。但是，经过处理无法识别特定个人且不能复原的除外。

A. 传递　　B. 泄露

C. 篡改　　D. 毁损

13. 下列关于网络安全的说法正确的是：（　　）

A. 个人发现网络运营者违反法律、行政法规的规定或者双方的约定收集、使用其个人信息的，有权要求网络运营者删除其个人信息

B. 个人发现网络运营者收集、存储的其个人信息有错误的，有权要求网络运营者予以更正

C. 任何个人和组织不得窃取或者以其他非法方式获取个人信息

D. 任何个人和组织不得非法出售或者非法向他人提供个人信息

14. 国家建立网络安全监测预警和信息通报制度。国家网信部门应当统筹协调有关部门加强网络安全信息（　　）工作，按照规定统一发布网络安全监测预警信息。

A. 收集　　B. 分析

C. 通报　　D. 上报

15. 网络安全事件应急预案应当按照事件发生后的（　　）等因素对网络安全事件进行分级，并规定相应的应急处置措施。

A. 时间长短　　B. 危害程度

C. 影响范围　　D. 涉及的人员多寡

16. 网络运营者违反《网络安全法》第 24 条第 1 款规定，未要求用户提供真实身份信息，或者对不提供真实身份信息的用户提供相关服务的，由有关主管部门责令改正；拒不改正或者情节严重的，处 5 万元以上 50 万元以下罚款，并可以由有关主管部门责令（　　），对直接负责的主管人员和其他直接责任人员处 1 万元以上 10 万元以下罚款。

A. 暂停相关业务

B. 停业整顿

C. 关闭网站

D. 吊销相关业务许可证或者吊销营业执照

17. 对于违反《网络安全法》第46条规定，设立用于实施违法犯罪活动的网站、通讯群组，或者利用网络发布涉及实施违法犯罪活动的信息，尚不构成犯罪的，下列处罚措施正确的是：（　　）

A. 由公安机关处5日以下拘留，可以并处1万元以上10万元以下罚款

B. 情节较重的，处5日以上15日以下拘留，可以并处5万元以上50万元以下罚款

C. 单位有上述行为的，由公安机关处10万元以上100万元以下罚款，并对直接负责的主管人员和其他直接责任人员依照相关规定处罚

D. 关闭用于实施违法犯罪活动的网站、通讯群组

18. 网络运营者违反《网络安全法》第47条规定，对法律、行政法规禁止发布或者传输的信息未（　　）的，由有关主管部门责令改正，给予警告，没收违法所得；拒不改正或者情节严重的，处10万元以上50万元以下罚款，并可以责令暂停相关业务、停业整顿、关闭网站、吊销相关业务许可证或者吊销营业执照，对直接负责的主管人员和其他直接责任人员处1万元以上10万元以下罚款。

A. 停止传输　　B. 24小时内及时上报

C. 采取消除等处置措施　　D. 保存有关记录

19. 网络，是指由计算机或者其他信息终端及相关设备组成的按照一定的规则和程序对信息进行（　　）、处理的系统。

A. 收集　　B. 存储

C. 传输　　D. 交换

20. 网络安全，是指通过采取必要措施，防范对网络的攻击、侵入、干扰、破坏和非法使用以及意外事故，使网络处于稳定可靠运行

的状态，以及保障网络数据的（　　）的能力。

A. 完整性　　B. 准确性

C. 保密性　　D. 可用性

（四）填空题

1. 国家坚持网络安全与____发展并重，遵循积极利用、科学发展、____、确保安全的方针，推进网络基础设施建设和互联互通，鼓励网络技术创新和应用，支持培养网络安全人才，建立健全网络安全保障体系，提高网络安全____能力。
2. 国家积极开展____、网络技术研发和标准制定、____等方面的国际交流与合作，推动构建____的网络空间，建立多边、民主、透明的网络治理体系。
3. 网络运营者开展经营和服务活动，必须遵守____，尊重____，遵守商业道德，诚实信用，履行网络安全保护义务，接受政府和社会的____，承担____。
4. 国家保护公民、法人和其他组织依法使用网络的权利，____网络接入普及，____网络服务水平，为社会提供安全、便利的网络服务，保障网络信息依法____流动。
5. 任何个人和组织有权对危害网络安全的行为向网信、电信、公安等部门举报。有关部门应当对举报人的相关信息予以____，保护举报人的____。
6. 国家建立和完善网络安全____体系。
7. 国家____创新网络安全管理方式，运用网络新技术，____网络安全保护水平。
8. 国家____部门会同国务院有关部门制定、公布网络关键设备和网络安全____，并推动安全认证和安全检测结果____，避免重复认证、检测。

9. 开展网络安全____、检测、风险评估等活动，向社会发布____、计算机病毒、网络攻击、网络侵入等网络安全信息，应当遵守国家有关规定。

10. 网信部门和有关部门在履行网络安全保护____中获取的信息，____用于维护网络安全的需要，____用于其他用途。

11. 按照国务院规定的职责分工，负责关键信息基础设施安全保护工作的部门分别编制并组织实施本行业、本领域的关键信息基础设施____，____关键信息基础设施运行安全保护工作。

12. 关键信息基础设施的运营者采购网络产品和服务，应当按照规定与提供者签订____，明确安全和保密义务与责任。

13. 网络运营者应当对其收集的用户信息严格____，并建立健全用户信息____制度。

14. 网络运营者应当采取技术措施和其他必要措施，确保其收集的个人信息安全，防止信息____。

15. 任何个人和组织应当对其使用网络的行为负责，不得设立用于实施诈骗，____，制作或者销售违禁物品、管制物品等违法犯罪活动的____，不得利用网络发布涉及实施诈骗，制作或者销售违禁物品、管制物品以及其他违法犯罪活动的信息。

16. 发生网络安全事件，应当____启动网络安全事件应急预案，对网络安全事件进行调查和评估，要求网络运营者采取技术措施和其他必要措施，消除____隐患，防止危害扩大，并及时向社会发布与公众有关的____信息。

17. 因网络安全事件，发生突发事件或者生产安全事故的，应当依照《中华人民共和国____》、《中华人民共和国____》等有关法律、行政法规的规定处置。

18. 有《网络安全法》规定的违法行为的，依照有关法律、行政法规的规定记入____，并予以公示。
19. 网络数据，是指通过网络____、存储、传输、处理和____的各种电子数据。
20. 军事网络的安全保护，由____另行规定。

（五）简答题

1. 简述网络运营者应当按照网络安全等级保护制度的要求，履行的安全保护义务。
2. 简述关键信息基础设施的运营者应当履行的安全保护义务。
3. 简述国家网信部门应当统筹协调有关部门对关键信息基础设施的安全保护采取的措施。
4. 网络安全事件发生的风险增大时，省级以上人民政府有关部门应当按照规定的权限和程序并根据网络安全风险的特点和可能造成的危害，采取哪些措施？

参考答案

（一）判断题

1. √，解析：根据《网络安全法》第 1 条规定。
2. ×，解析：根据《网络安全法》第 6 条规定，国家倡导诚实守信、健康文明的网络行为，推动传播社会主义核心价值观，采取措施提高全社会的网络安全意识和水平，形成全社会共同参与促进网络安全的良好环境。
3. ×，解析：根据《网络安全法》第 8 条第 1 款规定，国家网信部门负责统筹协调网络安全工作和相关监督管理工作。国务院电信主管部门、公安部门和其他有关机关依照本法和有关法律、行政法规的规定，在各自职责范围内负责网络安全保护和监督管理工作。

4. √，解析：根据《网络安全法》第 10 条规定。
5. √，解析：根据《网络安全法》第 14 条规定。
6. ×，解析：根据《网络安全法》第 15 条规定，国家建立和完善网络安全标准体系。国务院标准化行政主管部门和国务院其他有关部门根据各自的职责，组织制定并适时修订有关网络安全管理以及网络产品、服务和运行安全的国家标准、行业标准。国家支持企业、研究机构、高等学校、网络相关行业组织参与网络安全国家标准、行业标准的制定。
7. √，解析：根据《网络安全法》第 20 条规定。
8. √，解析：根据《网络安全法》第 21 条规定。
9. ×，解析：根据《网络安全法》第 24 条规定，网络运营者为用户办理网络接入、域名注册服务，办理固定电话、移动电话等入网手续，或者为用户提供信息发布、即时通讯等服务，在与用户签订协议或者确认提供服务时，应当要求用户提供真实身份信息。用户不提供真实身份信息的，网络运营者不得为其提供相关服务。国家实施网络可信身份战略，支持研究开发安全、方便的电子身份认证技术，推动不同电子身份认证之间的互认。
10. ×，解析：根据《网络安全法》第 25 条规定，网络运营者应当制定网络安全事件应急预案，及时处置系统漏洞、计算机病毒、网络攻击、网络侵入等安全风险；在发生危害网络安全的事件时，立即启动应急预案，采取相应的补救措施，并按照规定向有关主管部门报告。
11. ×，解析：根据《网络安全法》第 29 条规定，国家支持网络运营者之间在网络安全信息收集、分析、通报和应急处置等方面进行合作，提高网络运营者的安全保障能力。有关行业组织建立健全本行业的网络安全保护规范和协作机制，加强对网络安全风险的分析评估，定期向会员进行风险警示，支持、协助会员应对网络安全风险。

12. √，解析：根据《网络安全法》第31条规定。
13. ×，解析：根据《网络安全法》第35条规定，关键信息基础设施的运营者采购网络产品和服务，可能影响国家安全的，应当通过国家网信部门会同国务院有关部门组织的国家安全审查。
14. ×，解析：根据《网络安全法》第37条规定，关键信息基础设施的运营者在中华人民共和国境内运营中收集和产生的个人信息和重要数据应当在境内存储。因业务需要，确需向境外提供的，应当按照国家网信部门会同国务院有关部门制定的办法进行安全评估；法律、行政法规另有规定的，依照其规定。
15. √，解析：根据《网络安全法》第41条规定。
16. √，解析：根据《网络安全法》第42条规定。
17. ×，解析：根据《网络安全法》第47条规定，网络运营者应当加强对其用户发布的信息的管理，发现法律、行政法规禁止发布或者传输的信息的，应当立即停止传输该信息，采取消除等处置措施，防止信息扩散，保存有关记录，并向有关主管部门报告。
18. ×，解析：根据《网络安全法》第58条规定，因维护国家安全和社会公共秩序，处置重大突发社会安全事件的需要，经国务院决定或者批准，可以在特定区域对网络通信采取限制等临时措施。
19. √，解析：根据《网络安全法》第76条规定。
20. √，解析：根据《网络安全法》第76条规定。

（二）单项选择题

1. A，解析：根据《网络安全法》第4条规定，国家制定并不断完善网络安全战略，明确保障网络安全的基本要求和主要目标，提出重点领域的网络安全政策、工作任务和措施。

2. C，解析：根据《网络安全法》第 11 条规定，网络相关行业组织按照章程，加强行业自律，制定网络安全行为规范，指导会员加强网络安全保护，提高网络安全保护水平，促进行业健康发展。
3. B，解析：根据《网络安全法》第 13 条规定，国家支持研究开发有利于未成年人健康成长的网络产品和服务，依法惩治利用网络从事危害未成年人身心健康的活动，为未成年人提供安全、健康的网络环境。
4. A，解析：根据《网络安全法》第 16 条规定，国务院和省、自治区、直辖市人民政府应当统筹规划，加大投入，扶持重点网络安全技术产业和项目，支持网络安全技术的研究开发和应用，推广安全可信的网络产品和服务，保护网络技术知识产权，支持企业、研究机构和高等学校等参与国家网络安全技术创新项目。
5. D，解析：根据《网络安全法》第 19 条规定，各级人民政府及其有关部门应当组织开展经常性的网络安全宣传教育，并指导、督促有关单位做好网络安全宣传教育工作。大众传播媒介应当有针对性地面向社会进行网络安全宣传教育。
6. D，解析：根据《网络安全法》第 29 条规定，国家支持网络运营者之间在网络安全信息收集、分析、通报和应急处置等方面进行合作，提高网络运营者的安全保障能力。有关行业组织建立健全本行业的网络安全保护规范和协作机制，加强对网络安全风险的分析评估，定期向会员进行风险警示，支持、协助会员应对网络安全风险。
7. D，解析：根据《网络安全法》第 38 条规定，关键信息基础设施的运营者应当自行或者委托网络安全服务机构对其网络的安全性和可能存在的风险每年至少进行一次检测评估，并将检测评估情况和改进措施报送相关负责关键信息基础设施安全保护工作的部门。
8. D，解析：根据《网络安全法》第 45 条规定，依法负有网络安全监督管理职责的部门及其工作人员，必须对在履行职责中知悉的个人信息、隐私和商业秘密严格保密，不得泄露、出售或者非法向他人提供。

9. C，解析：根据《网络安全法》第48条规定，任何个人和组织发送的电子信息、提供的应用软件，不得设置恶意程序，不得含有法律、行政法规禁止发布或者传输的信息。电子信息发送服务提供者和应用软件下载服务提供者，应当履行安全管理义务，知道其用户有前款规定行为的，应当停止提供服务，采取消除等处置措施，保存有关记录，并向有关主管部门报告。

10. A，解析：根据《网络安全法》第56条规定，省级以上人民政府有关部门在履行网络安全监督管理职责中，发现网络存在较大安全风险或者发生安全事件的，可以按照规定的权限和程序对该网络的运营者的法定代表人或者主要负责人进行约谈。网络运营者应当按照要求采取措施，进行整改，消除隐患。

11. C，解析：根据《网络安全法》第59条第1款规定，网络运营者不履行本法第21条、第25条规定的网络安全保护义务的，由有关主管部门责令改正，给予警告；拒不改正或者导致危害网络安全等后果的，处1万元以上10万元以下罚款，对直接负责的主管人员处5000元以上5万元以下罚款。

12. C，解析：根据《网络安全法》第63条第3款规定，违反本法第27条规定，受到治安管理处罚的人员，5年内不得从事网络安全管理和网络运营关键岗位的工作；受到刑事处罚的人员，终身不得从事网络安全管理和网络运营关键岗位的工作。

13. A，解析：根据《网络安全法》第75条规定，境外的机构、组织、个人从事攻击、侵入、干扰、破坏等危害中华人民共和国的关键信息基础设施的活动，造成严重后果的，依法追究法律责任；国务院公安部门和有关部门并可以决定对该机构、组织、个人采取冻结财产或者其他必要的制裁措施。

（三）多项选择题

1. ABCD，解析：根据《网络安全法》第 2 条规定，在中华人民共和国境内建设、运营、维护和使用网络，以及网络安全的监督管理，适用本法。
2. ABCD，解析：根据《网络安全法》第 5 条规定，国家采取措施，监测、防御、处置来源于中华人民共和国境内外的网络安全风险和威胁，保护关键信息基础设施免受攻击、侵入、干扰和破坏，依法惩治网络违法犯罪活动，维护网络空间安全和秩序。
3. BCD，解析：根据《网络安全法》第 7 条规定，国家积极开展网络空间治理、网络技术研发和标准制定、打击网络违法犯罪等方面的国际交流与合作，推动构建和平、安全、开放、合作的网络空间，建立多边、民主、透明的网络治理体系。
4. AC，解析：根据《网络安全法》第 15 条第 1 款规定，国家建立和完善网络安全标准体系。国务院标准化行政主管部门和国务院其他有关部门根据各自的职责，组织制定并适时修订有关网络安全管理以及网络产品、服务和运行安全的国家标准、行业标准。
5. BCD，解析：根据《网络安全法》第 17 条规定，国家推进网络安全社会化服务体系建设，鼓励有关企业、机构开展网络安全认证、检测和风险评估等安全服务。
6. BD，解析：根据《网络安全法》第 18 条规定，国家鼓励开发网络数据安全保护和利用技术，促进公共数据资源开放，推动技术创新和经济社会发展。国家支持创新网络安全管理方式，运用网络新技术，提升网络安全保护水平。
7. ABCD，解析：根据《网络安全法》第 22 条规定，网络产品、服务应当符合相关国家标准的强制性要求。网络产品、服务的提供者不得设置恶意程序；发现其网络产品、服务存在安全缺陷、漏洞等风险时，应当立即采取补救措施，按照规定及时告知用户并向有关主管部门报告。网络产品、服务的提供者应当为其产品、服务持续提供安全维护；在规定或者当事人约定的期限内，不得终止提供安全维护。网络产品、服务具有收集用户信息功能的，其提供者应当向用户明示并取得同意；涉及用户个人信息的，还应当遵守本法和有关法律、行政法规关于个人信息保护的规定。

8. BC，解析：根据《网络安全法》第 24 条第 2 款规定，国家实施网络可信身份战略，支持研究开发安全、方便的电子身份认证技术，推动不同电子身份认证之间的互认。

9. ABCD，解析：根据《网络安全法》第 25 条规定，网络运营者应当制定网络安全事件应急预案，及时处置系统漏洞、计算机病毒、网络攻击、网络侵入等安全风险；在发生危害网络安全的事件时，立即启动应急预案，采取相应的补救措施，并按照规定向有关主管部门报告。

10. ACD，解析：根据《网络安全法》第 33 条规定，建设关键信息基础设施应当确保其具有支持业务稳定、持续运行的性能，并保证安全技术措施同步规划、同步建设、同步使用。

11. ABC，解析：根据《网络安全法》第 41 条规定，网络运营者收集、使用个人信息，应当遵循合法、正当、必要的原则，公开收集、使用规则，明示收集、使用信息的目的、方式和范围，并经被收集者同意。网络运营者不得收集与其提供的服务无关的个人信息，不得违反法律、行政法规的规定和双方的约定收集、使用个人信息，并应当依照法律、行政法规的规定和与用户的约定，处理其保存的个人信息。

12. BCD，解析：根据《网络安全法》第 42 条规定，网络运营者不得泄露、篡改、毁损其收集的个人信息；未经被收集者同意，不得向他人提供个人信息。但是，经过处理无法识别特定个人且不能复原的除外。网络运营者应当采取技术措施和其他必要措施，确保其收集的个人信息安全，防止信息泄露、毁损、丢失。在发生或者可能发生个人信息泄露、毁损、丢失的情况时，应当立即采取补救措施，按照规定及时告知用户并向有关主管部门报告。

13. ABCD，解析：根据《网络安全法》第 43 条规定，个人发现网络运营者违反法律、行政法规的规定或者双方的约定收集、使用其个人信息的，有权要求网络运营者删除其个人信息；发现网络运营者收集、存储的其个人信息有错误的，有权要求网络运营者予以更正。网络运营者应当采取措施予以删除或者更正。根据《网络安全法》第 44 条规定，任何个人和组织不得窃取或者以其他非法方式获取个人信息，不得非法出售或者非法向他人提供个人信息。

14. ABC，解析：根据《网络安全法》第 51 条规定，国家建立网络安全监测预警和信息通报制度。国家网信部门应当统筹协调有关部门加强网络安全信息收集、分析和通报工作，按照规定统一发布网络安全监测预警信息。

15. BC，解析：根据《网络安全法》第 53 条第 3 款规定，网络安全事件应急预案应当按照事件发生后的危害程度、影响范围等因素对网络安全事件进行分级，并规定相应的应急处置措施。

16. ABCD，解析：根据《网络安全法》第 61 条规定，网络运营者违反本法第 24 条第 1 款规定，未要求用户提供真实身份信息，或者对不提供真实身份信息的用户提供相关服务的，由有关主管部门责令改正；拒不改正或者情节严重的，处 5 万元以上 50 万元以下罚款，并可以由有关主管部门责令暂停相关业务、停业整顿、关闭网站、吊销相关业务许可证或者吊销营业执照，对直接负责的主管人员和其他直接责任人员处 1 万元以上 10 万元以下罚款。

17. ABD，解析：根据《网络安全法》第 67 条规定，违反本法第 46 条规定，设立用于实施违法犯罪活动的网站、通讯群组，或者利用网络发布涉及实施违法犯罪活动的信息，尚不构成犯罪的，由公安机关处5日以下拘留，可以并处1万元以上10万元以下罚款；情节较重的，处5日以上15日以下拘留，可以并处5万元以上50万元以下罚款。关闭用于实施违法犯罪活动的网站、通讯群组。单位有前款行为的，由公安机关处10万元以上50万元以下罚款，并对直接负责的主管人员和其他直接责任人员依照前款规定处罚。

18. ACD，解析：根据《网络安全法》第68条规定，网络运营者违反本法第47条规定，对法律、行政法规禁止发布或者传输的信息未停止传输、采取消除等处置措施、保存有关记录的，由有关主管部门责令改正，给予警告，没收违法所得；拒不改正或者情节严重的，处10万元以上50万元以下罚款，并可以责令暂停相关业务、停业整顿、关闭网站、吊销相关业务许可证或者吊销营业执照，对直接负责的主管人员和其他直接责任人员处1万元以上10万元以下罚款。电子信息发送服务提供者、应用软件下载服务提供者，不履行本法第48条第2款规定的安全管理义务的，依照前款规定处罚。

19. ABCD，解析：根据《网络安全法》第76条第1项规定，网络，是指由计算机或者其他信息终端及相关设备组成的按照一定的规则和程序对信息进行收集、存储、传输、交换、处理的系统。

20. ACD，解析：根据《网络安全法》第76条第2项规定，网络安全，是指通过采取必要措施，防范对网络的攻击、侵入、干扰、破坏和非法使用以及意外事故，使网络处于稳定可靠运行的状态，以及保障网络数据的完整性、保密性、可用性的能力。

（四）填空题

1. 信息化；依法管理；保护。（《网络安全法》第3条）
2. 网络空间治理；打击网络违法犯罪；和平、安全、开放、合作。（《网络安全法》第7条）
3. 法律、行政法规；社会公德；监督；社会责任。（《网络安全法》第9条）
4. 促进；提升；有序自由。（《网络安全法》第12条）

5. 保密；合法权益。(《网络安全法》第 14 条)
6. 标准。(《网络安全法》第 15 条)
7. 支持；提升。(《网络安全法》第 18 条)
8. 网信；专用产品目录；互认。(《网络安全法》第 23 条)
9. 认证；系统漏洞。(《网络安全法》第 26 条)
10. 职责；只能；不得。(《网络安全法》第 30 条)
11. 安全规划；指导和监督。(《网络安全法》第 32 条)
12. 安全保密协议。(《网络安全法》第 36 条)
13. 保密；保护。(《网络安全法》第 40 条)
14. 泄露、毁损、丢失。(《网络安全法》第 42 条)
15. 传授犯罪方法；网站、通讯群组。(《网络安全法》第 46 条)
16. 立即；安全；警示。(《网络安全法》第 55 条)
17. 突发事件应对法；安全生产法。(《网络安全法》第 57 条)
18. 信用档案。(《网络安全法》第 71 条)
19. 收集；产生。(《网络安全法》第 76 条)
20. 中央军事委员会。(《网络安全法》第 78 条)

(五) 简答题

1. 答：根据《网络安全法》第 21 条规定，网络运营者应当按照网络安全等级保护制度的要求，履行下列安全保护义务，保障网络免受干扰、破坏或者未经授权的访问，防止网络数据泄露或者被窃取、篡改：(一) 制定内部安全管理制度和操作规程，确定网络安全负责人，落实网络安全保护责任；(二) 采取防范计算机病毒和网络攻击、网络侵入等危害网络安全行为的技术措施；(三) 采取监测、记录网络运行状态、网络安全事件的技术措施，并按照规定留存相关的网络日志不少于 6 个月；(四) 采取数据分类、重要数据备份和加密等措施；(五) 法律、行政法规规定的其他义务。
2. 答：根据《网络安全法》第 21 条规定，网络运营者应当按照网络安全全等级保护制度的要求，履行下列安全保护义务，保障网络免受干扰、破坏或者未经授权的访问，防止网络数据泄露或者被窃取、篡改：（1）制定内部安全管理制度和操作规程，确定网络安全负责人，落实网络安全保护责任；（2）采取防范计算机病毒和网络攻击、网络侵入等危害网络安全行为的技术措施；（3）采取监测、记录网络运行状态、网络安全事件的技术措施，并按照规定留存相关的网络日志不少于6个月；（4）采取数据分类、重要数据备份和加密等措施；（5）法律、行政法规规定的其他义务。根据《网络安全法》第34条规定，除上述规定外，关键信息基础设施的运营者还应当履行下列安全保护义务：（1）设置专门安全管理机构和安全管理负责人，并对该负责人和关键岗位的人员进行安全背景审查；（2）定期对从业人员进行网络安全教育、技术培训和技能考核；（3）对重要系统和数据库进行容灾备份；（4）制定网络安全事件应急预案，并定期进行演练；（5）法律、行政法规规定的其他义务。

3. 答：根据《网络安全法》第39条规定，国家网信部门应当统筹协调有关部门对关键信息基础设施的安全保护采取下列措施：（1）对关键信息基础设施的安全风险进行抽查检测，提出改进措施，必要时可以委托网络安全服务机构对网络存在的安全风险进行检测评估；（2）定期组织关键信息基础设施的运营者进行网络安全应急演练，提高应对网络安全事件的水平和协同配合能力；（3）促进有关部门、关键信息基础设施的运营者以及有关研究机构、网络安全服务机构等之间的网络安全信息共享；（4）对网络安全事件的应急处置与网络功能的恢复等，提供技术支持和协助。

4. 答：根据《网络安全法》第54条规定，网络安全事件发生的风险增大时，省级以上人民政府有关部门应当按照规定的权限和程序，并根据网络安全风险的特点和可能造成的危害，采取下列措施：（1）要求有关部门、机构和人员及时收集、报告有关信息，加强对网络安全风险的监测；（2）组织有关部门、机构和专业人员，对网络安全风险信息进行分析评估，预测事件发生的可能性、影响范围和危害程度；（3）向社会发布网络安全风险预警，发布避免、减轻危害的措施。

四、数据安全法

（一）判断题

1. 为了规范数据处理活动，保障数据安全，促进数据开发利用，保护个人、组织的合法权益，维护国家主权、安全和发展利益，制定《数据安全法》。(　　)
2. 国家实施大数据战略，推进数据基础设施建设，鼓励和支持数据在各行业、各领域的创新应用。县级以上人民政府应当将数字经济发展纳入本级国民经济和社会发展规划，并根据需要制定数字经济发展规划。(　　)
3. 开展数据处理活动应当依照法律、法规的规定，建立健全全流程数据安全管理制度，组织开展数据安全教育培训，采取相应的技术措施和其他必要措施，保障数据安全。(　　)
4. 从事数据交易中介服务的机构提供服务，应当要求数据提供方说明数据来源，审核交易双方的身份，并留存审核、交易记录。(　　)
5. 国家机关应当遵循公正、公平、便民的原则，按照规定有效、快捷地公开政务数据。依法不予公开的除外。(　　)

（二）单项选择题

1. 数据安全，是指通过采取必要措施，确保数据处于（　　）的状态，以及具备保障持续安全状态的能力。

A. 保护和利用　　　　B. 有效保护和利用

C. 保护和合法利用　　D. 有效保护和合法利用

2. 国家积极开展数据安全治理、数据开发利用等领域的国际交流与合作，参与数据安全相关国际规则和标准的制定，促进数据跨境（　　）流动。

A. 安全、自由　　B. 安全、便利

C. 快捷、自由　　D. 快捷、便利

3. 下列关于数据安全的说法错误的是：（　　）

A. 国家支持教育、科研机构和企业等开展数据开发利用技术和数据安全相关教育和培训，采取统一方式培养数据开发利用技术和数据安全专业人才，促进人才交流

B. 国家支持有关部门、行业组织、企业、教育和科研机构、有关专业机构等在数据安全风险评估、防范、处置等方面开展协作

C. 国家建立健全数据交易管理制度，规范数据交易行为，培育数据交易市场

D. 国家促进数据安全检测评估、认证等服务的发展，支持数据安全检测评估、认证等专业机构依法开展服务活动

4. 国家对与维护国家安全和利益、履行国际义务相关的属于管制物项的数据依法实施出口（　　）。

A. 管制　　B. 管控

C. 管理　　D. 限制

5. 国家制定政务数据开放目录，构建（　　）的政务数据开放平台，推动政务数据开放利用。

A. 统一规范、互联互通、安全可控

B. 真实有效、互联互通、安全可控

C. 统一规范、真实有效、安全可控

D. 统一规范、互联互通、真实有效

（三）多项选择题

1.《数据安全法》所称数据，是指任何以电子或者其他方式对信息的记录。数据处理，包括数据的（　　）、传输、提供、公开等。

A. 收集　　B. 存储

C. 使用　　D. 加工

2. 下列关于数据安全的说法正确的是：（　　）

A. 国家推进数据开发利用技术和数据安全标准体系建设

B. 国务院市场监管行政主管部门和国务院有关部门根据各自的职责，组织制定并适时修订有关数据开发利用技术、产品和数据安全相关标准

C. 国家支持企业、社会团体和教育、科研机构等参与标准制定

D. 国家统筹发展和安全，坚持以数据开发利用和产业发展促进数据安全，以数据安全保障数据开发利用和产业发展

3. 关系（　　）等数据属于国家核心数据，实行更加严格的管理制度。

A. 国家安全　　B. 国民经济命脉

C. 重要民生　　D. 重大公共利益

4. 重要数据的处理者应当按照规定对其数据处理活动定期开展风险评估，并向有关主管部门报送风险评估报告。风险评估报告应当包括处理的重要数据的（　　），开展数据处理活动的情况，面临的数据安全风险及其应对措施等。

A. 内容　　B. 涉及的事项

C. 种类　　D. 数量

5. 下列关于数据安全的说法正确的是：（　　）

A. 法律、行政法规规定提供数据处理相关服务应当取得行政许可

的，服务提供者应当依法取得许可

B. 公安机关、国家安全机关因依法维护国家安全或者侦查犯罪的需要调取数据，应当按照国家有关规定，经过严格的批准手续，依法进行，有关组织、个人应当予以配合

C. 中华人民共和国主管机关根据有关法律和中华人民共和国缔结或者参加的国际条约、协定，或者按照平等互惠原则，处理外国司法或者执法机构关于提供数据的请求

D. 非经中华人民共和国主管机关批准，境内的组织、个人不得向外国司法或者执法机构提供存储于中华人民共和国境内的数据

6. 国家大力推进电子政务建设，提高政务数据的（　　），提升运用数据服务经济社会发展的能力。

A. 真实性　　B. 科学性

C. 准确性　　D. 时效性

7. 国家机关为履行法定职责的需要收集、使用数据，应当在其履行法定职责的范围内依照法律、行政法规规定的条件和程序进行；对在履行职责中知悉的（　　）等数据应当依法予以保密，不得泄露或者非法向他人提供。

A. 个人隐私　　B. 个人信息

C. 商业秘密　　D. 保密商务信息

8. 下列关于数据安全的说法正确的是：（　　）

A. 国家机关不履行《数据安全法》规定的数据安全保护义务的，对直接负责的主管人员和其他直接责任人员依法给予处分

B. 履行数据安全监管职责的国家工作人员玩忽职守、滥用职权、徇私舞弊的，依法给予处分

C. 窃取或者以其他非法方式获取数据，开展数据处理活动排除、限制竞争，或者损害个人、组织合法权益的，依照有关法律、

行政法规的规定处罚

D. 开展涉及国家秘密的数据处理活动，适用《中华人民共和国保守国家秘密法》等法律、行政法规的规定

（四）填空题

1. 在中华人民共和国境内开展数据处理活动及其____，适用《数据安全法》。在中华人民共和国境外开展数据处理活动，损害中华人民共和国____、____或者公民、组织合法权益的，依法追究法律责任。
2. 维护数据安全，应当坚持____，建立健全数据安全____，提高数据安全保障能力。
3. 国家支持开展数据安全知识____，提高全社会的数据安全保护意识和水平，推动有关部门、行业组织、____、企业、个人等共同参与数据安全保护工作，形成全社会____数据安全和促进发展的良好环境。
4. 国家根据数据在____发展中的重要程度，以及一旦遭到篡改、破坏、泄露或者____、非法利用，对国家安全、公共利益或者个人、组织合法权益造成的____程度，对数据实行____保护。
5. 国家建立____的数据安全风险评估、报告、信息共享、监测预警机制。国家数据安全工作协调机制统筹协调有关部门加强数据安全风险信息的____工作。
6. 任何国家或者地区在与数据和数据开发利用技术等有关的____等方面对中华人民共和国采取歧视性的____或者其他类似措施的，中华人民共和国可以根据实际情况对该国家或者地区____采取措施。
7. 开展数据处理活动以及研究开发数据新技术，应当有利于促进经

济社会____，增进人民____，符合社会____。

8. 任何组织、个人收集数据，应当采取____的方式，不得____或者以其他非法方式获取数据。

9. 有关主管部门在履行数据安全监管职责中，发现数据处理活动存在____风险的，可以按照规定的权限和程序对有关组织、个人进行____，并要求有关组织、个人采取措施进行整改，消除隐患。

10. 在____工作中开展数据处理活动，开展涉及个人信息的数据处理活动，还应当遵守有关法律、行政法规的规定。

参考答案

（一）判断题

1. √，解析：根据《数据安全法》第1条规定。
2. ×，解析：根据《数据安全法》第14条规定，国家实施大数据战略，推进数据基础设施建设，鼓励和支持数据在各行业、各领域的创新应用。省级以上人民政府应当将数字经济发展纳入本级国民经济和社会发展规划，并根据需要制定数字经济发展规划。
3. √，解析：根据《数据安全法》第27条规定。
4. √，解析：根据《数据安全法》第33条规定。
5. ×，解析：根据《数据安全法》第41条规定，国家机关应当遵循公正、公平、便民的原则，按照规定及时、准确地公开政务数据。依法不予公开的除外。

（二）单项选择题

1. D，解析：根据《数据安全法》第3条规定，本法所称数据，是指任何以电子或者其他方式对信息的记录。数据处理，包括数据的收集、存储、使用、加工、传输、提供、公开等。数据安全，是指通过采取必要措施，确保数据处于有效保护和合法利用的状态，以及具备保障持续安全状态的能力。

2. A，解析：根据《数据安全法》第 11 条规定，国家积极开展数据安全治理、数据开发利用等领域的国际交流与合作，参与数据安全相关国际规则和标准的制定，促进数据跨境安全、自由流动。
3. A，解析：根据《数据安全法》第 18 条规定，国家促进数据安全检测评估、认证等服务的发展，支持数据安全检测评估、认证等专业机构依法开展服务活动。国家支持有关部门、行业组织、企业、教育和科研机构、有关专业机构等在数据安全风险评估、防范、处置等方面开展协作。根据《数据安全法》第 19 条规定，国家建立健全数据交易管理制度，规范数据交易行为，培育数据交易市场。根据《数据安全法》第 20 条规定，国家支持教育、科研机构和企业等开展数据开发利用技术和数据安全相关教育和培训，采取多种方式培养数据开发利用技术和数据安全专业人才，促进人才交流。
4. A，解析：根据《数据安全法》第 25 条规定，国家对与维护国家安全和利益、履行国际义务相关的属于管制物项的数据依法实施出口管制。
5. A，解析：根据《数据安全法》第 42 条规定，国家制定政务数据开放目录，构建统一规范、互联互通、安全可控的政务数据开放平台，推动政务数据开放利用。

（三）多项选择题

1. ABCD，解析：根据《数据安全法》第 3 条规定，本法所称数据，是指任何以电子或者其他方式对信息的记录。数据处理，包括数据的收集、存储、使用、加工、传输、提供、公开等。数据安全，是指通过采取必要措施，确保数据处于有效保护和合法利用的状态，以及具备保障持续安全状态的能力。
2. ACD，解析：根据《数据安全法》第 13 条规定，国家统筹发展和安全，坚持以数据开发利用和产业发展促进数据安全，以数据安全保障数据开发利用和产业发展。根据《数据安全法》第17条规定，国家推进数据开发利用技术和数据安全标准体系建设。国务院标准化行政主管部门和国务院有关部门根据各自的职责，组织制定并适时修订有关数据开发利用技术、产品和数据安全相关标准。国家支持企业、社会团体和教育、科研机构等参与标准制定。

3. ABCD，解析：根据《数据安全法》第21条第2款规定，关系国家安全、国民经济命脉、重要民生、重大公共利益等数据属于国家核心数据，实行更加严格的管理制度。

4. CD，解析：根据《数据安全法》第30条规定，重要数据的处理者应当按照规定对其数据处理活动定期开展风险评估，并向有关主管部门报送风险评估报告。风险评估报告应当包括处理的重要数据的种类、数量，开展数据处理活动的情况，面临的数据安全风险及其应对措施等。

5. ABCD，解析：根据《数据安全法》第34条规定，法律、行政法规规定提供数据处理相关服务应当取得行政许可的，服务提供者应当依法取得许可。根据《数据安全法》第35条规定，公安机关、国家安全机关因依法维护国家安全或者侦查犯罪的需要调取数据，应当按照国家有关规定，经过严格的批准手续，依法进行，有关组织、个人应当予以配合。根据《数据安全法》第36条规定，中华人民共和国主管机关根据有关法律和中华人民共和国缔结或者参加的国际条约、协定，或者按照平等互惠原则，处理外国司法或者执法机构关于提供数据的请求。非经中华人民共和国主管机关批准，境内的组织、个人不得向外国司法或者执法机构提供存储于中华人民共和国境内的数据。

6. BCD，解析：根据《数据安全法》第37条规定，国家大力推进电子政务建设，提高政务数据的科学性、准确性、时效性，提升运用数据服务经济社会发展的能力。

7. ABCD，解析：根据《数据安全法》第 38 条规定，国家机关为履行法定职责的需要收集、使用数据，应当在其履行法定职责的范围内依照法律、行政法规规定的条件和程序进行；对在履行职责中知悉的个人隐私、个人信息、商业秘密、保密商务信息等数据应当依法予以保密，不得泄露或者非法向他人提供。
8. ABCD，解析：根据《数据安全法》第 49 条规定，国家机关不履行本法规定的数据安全保护义务的，对直接负责的主管人员和其他直接责任人员依法给予处分。根据《数据安全法》第 50 条规定，履行数据安全监管职责的国家工作人员玩忽职守、滥用职权、徇私舞弊的，依法给予处分。根据《数据安全法》第 51 条规定，窃取或者以其他非法方式获取数据，开展数据处理活动排除、限制竞争，或者损害个人、组织合法权益的，依照有关法律、行政法规的规定处罚。根据《数据安全法》第 53 条第 1 款规定，开展涉及国家秘密的数据处理活动，适用《中华人民共和国保守国家秘密法》等法律、行政法规的规定。

（四）填空题

1. 安全监管；国家安全；公共利益。（《数据安全法》第 2 条）
2. 总体国家安全观；治理体系。（《数据安全法》第 4 条）
3. 宣传普及；科研机构；共同维护。（《数据安全法》第 9 条）
4. 经济社会；非法获取；危害；分类分级。（《数据安全法》第 21 条）
5. 集中统一、高效权威；获取、分析、研判、预警。（《数据安全法》第 22 条）
6. 投资、贸易；禁止、限制；对等。（《数据安全法》第 26 条）
7. 发展，福祉；公德和伦理。（《数据安全法》第 28 条）
8. 合法、正当；窃取。（《数据安全法》第 32 条）
9. 较大安全；约谈。（《数据安全法》第 44 条）
10. 统计、档案。（《数据安全法》第 53 条）

五、个人信息保护法

（一）判断题

1. 为了保护个人信息权益，规范个人信息处理活动，促进个人信息合理利用，根据宪法，制定《个人信息保护法》。（　　）
2. 个人信息是以电子或者其他方式记录的与已识别或者可识别的自然人有关的各种信息，包括匿名化处理后的信息。（　　）
3. 处理个人信息应当保证个人信息的质量，避免因个人信息不准确、不完整对个人权益造成不利影响。（　　）
4. 个人信息处理者可以以个人不同意处理其个人信息或者撤回同意为由，拒绝提供产品或者服务；处理个人信息属于提供产品或者服务所必需的除外。（　　）
5. 通过自动化决策方式作出对个人权益有重大影响的决定，个人有权要求个人信息处理者予以说明，并有权拒绝个人信息处理者仅通过自动化决策的方式作出决定。（　　）
6. 国家机关处理的个人信息应当在中华人民共和国境内存储；确需向境外提供的，应当进行安全评估。安全评估可以要求有关部门提供支持与协助。（　　）
7. 任何国家或者地区在个人信息保护方面对中华人民共和国采取歧视性的禁止、限制或者其他类似措施的，中华人民共和国可以根据实际情况对该国家或者地区对等采取措施。（　　）
8. 个人信息处理者应当定期对其处理个人信息遵守法律、行政法规的情况进行合规审计。（　　）

9. 任何组织、个人有权对违法个人信息处理活动向履行个人信息保护职责的部门进行投诉、举报。收到投诉、举报的部门应当依法及时处理，并将处理结果告知投诉、举报人。(　　)
10. 去标识化，是指个人信息经过处理，使其在不借助额外信息的情况下可以识别特定自然人的过程。(　　)

（二）单项选择题

1. 处理个人信息应当具有明确、合理的目的，并应当与处理目的直接相关，采取对个人权益影响（　　）的方式。

A. 最大　　B. 最小

C. 最高　　D. 最低

2. 个人信息处理者共同处理个人信息，侵害个人信息权益造成损害的，应当依法（　　）。

A. 按照职责承担各自的责任

B. 按照侵害程度承担各自的责任

C. 各自承担50%的责任

D. 承担连带责任

3. 个人信息处理者利用个人信息进行自动化决策，应当保证决策的透明度和结果（　　），不得对个人在交易价格等交易条件上实行不合理的差别待遇。

A. 公平、公开　　B. 公开、公正

C. 公平、公正　　D. 公平、公正、公开

4. 在公共场所安装图像采集、个人身份识别设备，应当为维护（　　）所必需，遵守国家有关规定，并设置显著的提示标识。

A. 公共安全　　B. 国家安全

C. 人民群众安全　　D. 公共利益

5. 敏感个人信息是一旦泄露或者非法使用，容易导致自然人的人格尊严受到侵害或者人身、财产安全受到危害的个人信息，包括生物识别、宗教信仰、特定身份、医疗健康、金融账户、行踪轨迹等信息，以及不满（　）周岁未成年人的个人信息。

A. 12　　B. 14

C. 16　　D. 18

6. 个人请求查阅、复制其个人信息的，个人信息处理者应当（　）提供。

A. 自请求之日起 8 小时内　　B. 自请求之日起 24 小时内

C. 自请求之日起 3 日内　　D. 及时

7. 个人信息处理者应当建立（　）的个人行使权利的申请受理和处理机制。拒绝个人行使权利的请求的，应当说明理由。

A. 便捷　　B. 快速

C. 快捷　　D. 便利

8. 个人信息保护影响评估报告和处理情况记录应当至少保存（　）年。

A. 1　　B. 2

C. 3　　D. 5

9. 履行个人信息保护职责的部门在履行职责中，发现个人信息处理活动存在较大风险或者发生个人信息安全事件的，可以按照规定的权限和程序对该个人信息处理者的法定代表人或者主要负责人进行（　），或者要求个人信息处理者委托专业机构对其个人信息处理活动进行合规审计。

A. 谈话　　B. 约谈

C. 传唤　　D. 拘传

10. 有《个人信息保护法》规定的违法行为的，依照有关法律、行政法规的规定记入（　　）档案，并予以公示。

A. 个人　　　B. 违法

C. 人事　　　D. 信用

（三）多项选择题

1. 处理个人信息应当遵循（　　）原则，不得通过误导、欺诈、胁迫等方式处理个人信息。

A. 合法　　　B. 正当

C. 必要　　　D. 诚信

2. 处理个人信息应当遵循公开、透明原则，公开个人信息处理规则，明示处理的（　　）。

A. 目的　　　B. 方式

C. 范围　　　D. 用途

3. 下列关于个人信息的说法正确的是：（　　）

A. 个人信息的处理目的、处理方式和处理的个人信息种类发生变更的，应当重新取得个人同意

B. 基于个人同意处理个人信息的，个人有权撤回其同意

C. 个人信息处理者应当提供便捷的撤回同意的方式

D. 个人撤回同意，不影响撤回前基于个人同意已进行的个人信息处理活动的效力

4. 个人信息处理者处理个人信息，有法律、行政法规规定应当保密或者不需要告知的情形的，可以不向个人告知（　　）。

A. 个人信息处理者的名称或者姓名和联系方式

B. 个人信息的处理目的、处理方式

C. 个人行使《个人信息保护法》规定权利的方式和程序

D. 处理的个人信息种类、保存期限

5. 个人信息处理者因（　　）等原因需要转移个人信息的，应当向个人告知接收方的名称或者姓名和联系方式。接收方应当继续履行个人信息处理者的义务。接收方变更原先的处理目的、处理方式的，应当依照本法规定重新取得个人同意。

A. 合并　　　　B. 分立

C. 解散　　　　D. 被宣告破产

6. 国家机关为履行法定职责处理个人信息，应当依照法律、行政法规规定的权限、程序进行，不得超出履行法定职责所必需的（　　）。

A. 界限　　　　B. 程度

C. 范围　　　　D. 限度

7. 个人对其个人信息的处理享有（　　），有权限制或者拒绝他人对其个人信息进行处理；法律、行政法规另有规定的除外。

A. 参与全　　　　B. 知情权

C. 管理权　　　　D. 决定权

8. 自然人死亡的，其近亲属为了自身的合法、正当利益，可以对死者的相关个人信息行使《个人信息保护法》第四章规定的（　　）等权利；死者生前另有安排的除外。

A. 查阅　　　　B. 复制

C. 更正　　　　D. 删除

9. 下列关于个人信息保护的说法正确的是：（　　）

A. 国家机关不履行本法规定的个人信息保护义务的，由其上级机关或者履行个人信息保护职责的部门责令改正

B. 履行个人信息保护职责的部门的工作人员玩忽职守、滥用职权、徇私舞弊，尚不构成犯罪的，依法给予处分

C. 处理个人信息侵害个人信息权益造成损害，个人信息处理者不

能证明自己没有过错的，应当承担损害赔偿等侵权责任

D. 损害赔偿责任按照个人因此受到的损失或者个人信息处理者因此获得的利益确定

10. 自动化决策，是指通过计算机程序自动（　　）个人的行为习惯、兴趣爱好或者经济、健康、信用状况等，并进行决策的活动。

A. 分析　　B. 分解

C. 评估　　D. 评价

（四）填空题

1. 自然人的个人信息受____保护，任何组织、个人不得____自然人的个人信息权益。
2. 个人信息的处理包括个人信息的____、存储、____、加工、传输、提供、____、删除等。
3. 收集个人信息，应当限于实现处理目的的____范围，不得____收集个人信息。
4. 个人信息处理者应当对其个人信息处理活动负责，并采取必要措施保障所处理的个人信息的____。
5. 基于个人同意处理个人信息的，该同意应当由个人在充分知情的前提下____作出。法律、行政法规规定处理个人信息应当取得个人单独同意或者____同意的，从其规定。
6. 个人信息处理者不得____其处理的个人信息，取得个人____同意的除外。
7. 个人信息处理者处理不满____周岁未成年人个人信息的，应当取得未成年人的____或者其他监护人的同意。
8. 处理个人信息达到国家网信部门规定____的个人信息处理者应当

指定个人信息保护负责人，负责对个人信息处理活动以及采取的保护措施等进行____。

9. 履行个人信息保护职责的部门依法履行职责，当事人应当予以____，不得____。

10. 匿名化，是指个人信息经过处理无法____特定自然人且不能____的过程。

（五）简答题

1. 简述在中华人民共和国境外处理中华人民共和国境内自然人个人信息的活动适用《个人信息保护法》的情形。
2. 简述个人信息处理者可以处理个人信息的条件。
3. 简述个人信息处理者在处理个人信息前应当向个人告知的事项。
4. 简述个人信息处理者应当主动删除个人信息的情形。
5. 简述个人信息处理者应当事前进行个人信息保护影响评估的情形。
6. 简述个人信息保护影响评估应当包括的内容。
7. 简述履行个人信息保护职责的部门的职责。

参考答案

（一）判断题

1. √，解析：根据《个人信息保护法》第1条规定。
2. ×，解析：根据《个人信息保护法》第4条第1款规定，个人信息是以电子或者其他方式记录的与已识别或者可识别的自然人有关的各种信息，不包括匿名化处理后的信息。
3. √，解析：根据《个人信息保护法》第8条规定。
4. ×，解析：根据《个人信息保护法》第16条规定，个人信息处理者不得以个人不同意处理其个人信息或者撤回同意为由，拒绝提供产品或者服务；处理个人信息属于提供产品或者服务所必需的除外。

5. √，解析：根据《个人信息保护法》第 24 条规定。
6. √，解析：根据《个人信息保护法》第 36 条规定。
7. √，解析：根据《个人信息保护法》第 43 条规定。
8. √，解析：根据《个人信息保护法》第 54 条规定。
9. √，解析：根据《个人信息保护法》第 65 条规定。
10. ×，解析：根据《个人信息保护法》第 73 条第 3 项规定，去标识化，是指个人信息经过处理，使其在不借助额外信息的情况下无法识别特定自然人的过程。

（二）单项选择题

1. B，解析：根据《个人信息保护法》第 6 条规定，处理个人信息应当具有明确、合理的目的，并应当与处理目的直接相关，采取对个人权益影响最小的方式。收集个人信息，应当限于实现处理目的的最小范围，不得过度收集个人信息。
2. D，解析：根据《个人信息保护法》第 20 条第 2 款规定，个人信息处理者共同处理个人信息，侵害个人信息权益造成损害的，应当依法承担连带责任。
3. C，解析：根据《个人信息保护法》第 24 条第 1 款规定，个人信息处理者利用个人信息进行自动化决策，应当保证决策的透明度和结果公平、公正，不得对个人在交易价格等交易条件上实行不合理的差别待遇。
4. A，解析：根据《个人信息保护法》第 26 条规定，在公共场所安装图像采集、个人身份识别设备，应当为维护公共安全所必需，遵守国家有关规定，并设置显著的提示标识。所收集的个人图像、身份识别信息只能用于维护公共安全的目的，不得用于其他目的；取得个人单独同意的除外。

5. B，解析：根据《个人信息保护法》第 28 条第 1 款规定，敏感个人信息是一旦泄露或者非法使用，容易导致自然人的人格尊严受到侵害或者人身、财产安全受到危害的个人信息，包括生物识别、宗教信仰、特定身份、医疗健康、金融账户、行踪轨迹等信息，以及不满 14 周岁未成年人的个人信息。
6. D，解析：根据《个人信息保护法》第 45 条第 2 款规定，个人请求查阅、复制其个人信息的，个人信息处理者应当及时提供。
7. A，解析：根据《个人信息保护法》第 50 条第 1 款规定，个人信息处理者应当建立便捷的个人行使权利的申请受理和处理机制。拒绝个人行使权利的请求的，应当说明理由。
8. C，解析：根据《个人信息保护法》第 56 条第 2 款规定，个人信息保护影响评估报告和处理情况记录应当至少保存 3 年。
9. B，解析：根据《个人信息保护法》第 64 条第 1 款规定，履行个人信息保护职责的部门在履行职责中，发现个人信息处理活动存在较大风险或者发生个人信息安全事件的，可以按照规定的权限和程序对该个人信息处理者的法定代表人或者主要负责人进行约谈，或者要求个人信息处理者委托专业机构对其个人信息处理活动进行合规审计。个人信息处理者应当按照要求采取措施，进行整改，消除隐患。
10. D，解析：根据《个人信息保护法》第 67 条规定，有本法规定的违法行为的，依照有关法律、行政法规的规定记入信用档案，并予以公示。

（三）多项选择题

1. ABCD，解析：根据《个人信息保护法》第 5 条规定，处理个人信息应当遵循合法、正当、必要和诚信原则，不得通过误导、欺诈、胁迫等方式处理个人信息。
2. ABC，解析：根据《个人信息保护法》第 7 条规定，处理个人信息应当遵循公开、透明原则，公开个人信息处理规则，明示处理的目的、方式和范围。

3. ABCD，解析：根据《个人信息保护法》第14条第2款规定，个人信息的处理目的、处理方式和处理的个人信息种类发生变更的，应当重新取得个人同意。根据《个人信息保护法》第15条规定，基于个人同意处理个人信息的，个人有权撤回其同意。个人信息处理者应当提供便捷的撤回同意的方式。个人撤回同意，不影响撤回前基于个人同意已进行的个人信息处理活动的效力。
4. ABCD，解析：根据《个人信息保护法》第18条第1款规定，个人信息处理者处理个人信息，有法律、行政法规规定应当保密或者不需要告知的情形的，可以不向个人告知前条第1款规定的事项。根据《个人信息保护法》第17条第1款规定，个人信息处理者在处理个人信息前，应当以显著方式、清晰易懂的语言真实、准确、完整地向个人告知下列事项：（1）个人信息处理者的名称或者姓名和联系方式；（2）个人信息的处理目的、处理方式，处理的个人信息种类、保存期限；（3）个人行使本法规定权利的方式和程序；（4）法律、行政法规规定应当告知的其他事项。
5. ABCD，解析：根据《个人信息保护法》第22条规定，个人信息处理者因合并、分立、解散、被宣告破产等原因需要转移个人信息的，应当向个人告知接收方的名称或者姓名和联系方式。接收方应当继续履行个人信息处理者的义务。接收方变更原先的处理目的、处理方式的，应当依照本法规定重新取得个人同意。
6. CD，解析：根据《个人信息保护法》第34条规定，国家机关为履行法定职责处理个人信息，应当依照法律、行政法规规定的权限、程序进行，不得超出履行法定职责所必需的范围和限度。
7. BD，解析：根据《个人信息保护法》第44条规定，个人对其个人信息的处理享有知情权、决定权，有权限制或者拒绝他人对其个人信息进行处理；法律、行政法规另有规定的除外。

8. ABCD，解析：根据《个人信息保护法》第49条规定，自然人死亡的，其近亲属为了自身的合法、正当利益，可以对死者的相关个人信息行使本章规定的查阅、复制、更正、删除等权利；死者生前另有安排的除外。

9. ABCD，解析：根据《个人信息保护法》第68条规定，国家机关不履行本法规定的个人信息保护义务的，由其上级机关或者履行个人信息保护职责的部门责令改正；对直接负责的主管人员和其他直接责任人员依法给予处分。履行个人信息保护职责的部门的工作人员玩忽职守、滥用职权、徇私舞弊，尚不构成犯罪的，依法给予处分。根据《个人信息保护法》第69条规定，处理个人信息侵害个人信息权益造成损害，个人信息处理者不能证明自己没有过错的，应当承担损害赔偿等侵权责任。前款规定的损害赔偿责任按照个人因此受到的损失或者个人信息处理者因此获得的利益确定；个人因此受到的损失和个人信息处理者因此获得的利益难以确定的，根据实际情况确定赔偿数额。

10. AC，解析：根据《个人信息保护法》第73条第2项规定，自动化决策，是指通过计算机程序自动分析、评估个人的行为习惯、兴趣爱好或者经济、健康、信用状况等，并进行决策的活动。

（四）填空题

1. 法律；侵害。（《个人信息保护法》第2条）
2. 收集；使用；公开。（《个人信息保护法》第4条）
3. 最小；过度。（《个人信息保护法》第6条）
4. 安全。（《个人信息保护法》第9条）
5. 自愿、明确；书面。（《个人信息保护法》第14条）
6. 公开；单独。（《个人信息保护法》第25条）
7. 14；父母。（《个人信息保护法》第31条）

8. 数量；监督。（《个人信息保护法》第 52 条）
9. 协助、配合；拒绝、阻挠。（《个人信息保护法》第 63 条）
10. 识别；复原。（《个人信息保护法》第 73 条）

（五）简答题

1. 答：根据《个人信息保护法》第 3 条规定，在中华人民共和国境外处理中华人民共和国境内自然人个人信息的活动，有下列情形之一的，也适用本法：（1）以向境内自然人提供产品或者服务为目的；（2）分析、评估境内自然人的行为；（3）法律、行政法规规定的其他情形。
2. 答：根据《个人信息保护法》第 13 条规定，符合下列情形之一的，个人信息处理者方可处理个人信息：（1）取得个人的同意；（2）为订立、履行个人作为一方当事人的合同所必需，或者按照依法制定的劳动规章制度和依法签订的集体合同实施人力资源管理所必需；（3）为履行法定职责或者法定义务所必需；（4）为应对突发公共卫生事件，或者紧急情况下为保护自然人的生命健康和财产安全所必需；（5）为公共利益实施新闻报道、舆论监督等行为，在合理的范围内处理个人信息；（6）依照本法规定在合理的范围内处理个人自行公开或者其他已经合法公开的个人信息；（7）法律、行政法规规定的其他情形。依照本法其他有关规定，处理个人信息应当取得个人同意，但是有前款第 2 项至第 7 项规定情形的，不需取得个人同意。
3. 答：根据《个人信息保护法》第 17 条规定，个人信息处理者在处理个人信息前，应当以显著方式、清晰易懂的语言真实、准确、完整地向个人告知下列事项：（1）个人信息处理者的名称或者姓名和联系方式；（2）个人信息的处理目的、处理方式，处理的个人信息种类、保存期限；（3）个人行使本法规定权利的方式和程序；（4）法律、行政法规规定应当告知的其他事项。前款规定事项发生变更的，应当将变更部分告知个人。

4. 答：根据《个人信息保护法》第47条规定，有下列情形之一的，个人信息处理者应当主动删除个人信息；个人信息处理者未删除的，个人有权请求删除：（1）处理目的已实现、无法实现或者为实现处理目的不再必要；（2）个人信息处理者停止提供产品或者服务，或者保存期限已届满；（3）个人撤回同意；（4）个人信息处理者违反法律、行政法规或者违反约定处理个人信息；（5）法律、行政法规规定的其他情形。法律、行政法规规定的保存期限未届满，或者删除个人信息从技术上难以实现的，个人信息处理者应当停止除存储和采取必要的安全保护措施之外的处理。
5. 答：根据《个人信息保护法》第55条规定，有下列情形之一的，个人信息处理者应当事前进行个人信息保护影响评估，并对处理情况进行记录：（1）处理敏感个人信息；（2）利用个人信息进行自动化决策；（3）委托处理个人信息、向其他个人信息处理者提供个人信息、公开个人信息；（4）向境外提供个人信息；（5）其他对个人权益有重大影响的个人信息处理活动。
6. 答：根据《个人信息保护法》第56条规定，个人信息保护影响评估应当包括下列内容：（1）个人信息的处理目的、处理方式等是否合法、正当、必要；（2）对个人权益的影响及安全风险；（3）所采取的保护措施是否合法、有效并与风险程度相适应。
7. 答：根据《个人信息保护法》第61条规定，履行个人信息保护职责的部门履行下列个人信息保护职责：（1）开展个人信息保护宣传教育，指导、监督个人信息处理者开展个人信息保护工作；（2）接受、处理与个人信息保护有关的投诉、举报；（3）组织对应用程序等个人信息保护情况进行测评，并公布测评结果；（4）调查、处理违法个人信息处理活动；（5）法律、行政法规规定的其他职责。

六、反洗钱法

（一）判断题

1. 为了预防洗钱活动，维护金融秩序，遏制洗钱犯罪及相关犯罪，制定《反洗钱法》。（　　）
2. 国务院有关金融监督管理机构参与制定所监督管理的金融机构反洗钱规章，对所监督管理的金融机构提出按照规定建立健全反洗钱外部控制制度的要求，履行法律和国务院规定的有关反洗钱的其他职责。（　　）
3. 国务院有关金融监督管理机构审批新设金融机构或者金融机构增设分支机构时，应当审查新机构反洗钱内部控制制度的方案；对于不符合《反洗钱法》规定的设立申请，不予批准。（　　）
4. 金融机构应当按照反洗钱预防、监控制度的要求，开展反洗钱培训和宣传工作。（　　）
5. 应当履行反洗钱义务的特定非金融机构的范围、其履行反洗钱义务和对其监督管理的具体办法，由国务院反洗钱行政主管部门会同国务院有关部门制定。（　　）

（二）单项选择题

1. 在中华人民共和国境内设立的金融机构和按照规定应当履行反洗钱义务的特定非金融机构，应当依法采取（　　）措施，建立健全客户身份识别制度、客户身份资料和交易记录保存制度、大额交易和可疑交易报告制度，履行反洗钱义务。

A. 预防、监管　　B. 预防、监控

C. 防范、监控　　D. 防范、监管

2. 反洗钱行政主管部门和其他依法负有反洗钱监督管理职责的部门、机构发现涉嫌洗钱犯罪的交易活动，应当及时向（　　）报告。

A. 侦查机关　　B. 国家安全机关

C. 审判机关　　D. 检察机关

3. 客户由他人代理办理业务的，金融机构应当同时对代理人和被代理人的身份证件或者其他身份证明文件进行核对并（　　）。

A. 记录在案　　B. 登记

C. 备案　　D. 注册

4. 金融机构应当按照规定建立客户身份资料和交易记录保存制度。客户身份资料在业务关系结束后、客户交易信息在交易结束后，应当至少保存（　　）年。

A. 1　　B. 2

C. 3　　D. 5

5. 金融机构应当按照规定执行大额交易和可疑交易报告制度。金融机构办理的单笔交易或者在规定期限内的累计交易超过规定金额或者发现可疑交易的，应当及时向（　　）报告。

A. 金融监管机关　　B. 反洗钱信息中心

C. 公安机关　　D. 市场监管机关

6. 国务院反洗钱行政主管部门或者其省一级派出机构发现可疑交易活动，需要调查核实的，可以向金融机构进行调查。关于调查程序，下列说法错误的是：（　　）

A. 调查中需要进一步核查的，经国务院反洗钱行政主管部门或者其省一级派出机构的负责人批准，可以查阅、复制被调查对象的账户信息、交易记录和其他有关资料

B. 对可能被转移、隐藏、篡改或者毁损的文件、资料，应当予以封存

C. 调查人员封存文件、资料，应当会同在场的金融机构工作人员查点清楚，当场开列清单一式二份，由调查人员和在场的金融机构工作人员签名或者盖章，一份交金融机构，一份附卷备查

D. 调查人员少于2人或者未出示合法证件和调查通知书的，金融机构有权拒绝调查

7. 金融机构在按照国务院反洗钱行政主管部门的要求采取临时冻结措施后（　　）小时内，未接到侦查机关继续冻结通知的，应当立即解除冻结。

A. 24　　B. 36

C. 48　　D. 72

（三）多项选择题

1. 反洗钱，是指为了预防通过各种方式掩饰、隐瞒（　　）、贪污贿赂犯罪、破坏金融管理秩序犯罪、金融诈骗犯罪等犯罪所得及其收益的来源和性质的洗钱活动，依照《反洗钱法》规定采取相关措施的行为。

A. 毒品犯罪　　B. 黑社会性质的组织犯罪

C. 恐怖活动犯罪　　D. 走私犯罪

2. 海关发现个人出入境携带的（　　）超过规定金额的，应当及时向反洗钱行政主管部门通报。

A. 现金　　B. 发票

C. 存单　　D. 无记名有价证券

3. 金融机构在与客户建立业务关系或者为客户提供规定金额以上的（　　）等一次性金融服务时，应当要求客户出示真实有效的身

份证件或者其他身份证明文件，进行核对并登记。

A. 现金汇款　　B. 现钞兑换

C. 票据兑付　　D. 开具发票

4. 金融机构对与客户建立业务关系时获得的客户身份资料的（　　）有疑问的，应当重新识别客户身份。

A. 真实性　　B. 有效性

C. 合法性　　D. 完整性

5. 国务院反洗钱行政主管部门发现可疑交易活动，需要调查核实的，可以向金融机构进行调查。关于调查程序，下列说法正确的是：（　　）

A. 调查可疑交易活动，可以询问金融机构有关人员，要求其说明情况

B. 询问应当制作询问笔录

C. 询问笔录应当交被询问人核对。记载有遗漏或者差错的，被询问人可以要求补充或者更正

D. 被询问人确认笔录无误后，应当签名和盖章；调查人员也应当在笔录上签名和盖章

6. 下列关于反洗钱国际合作的说法正确的是：（　　）

A. 中华人民共和国根据缔结或者参加的国际条约，或者按照平等互惠原则，开展反洗钱国际合作

B. 中华人民共和国根据缔结或者参加的国际条约，或者按照对等原则，开展反洗钱国际合作

C. 涉及追究洗钱犯罪的司法协助，由司法机关依照有关法律的规定办理

D. 涉及追究洗钱犯罪的司法协助，由司法行政机关依照有关法律的规定办理

7. 金融机构，是指依法设立的从事金融业务的政策性银行、（　　）、证券公司、期货经纪公司、保险公司以及国务院反洗钱行政主管部门确定并公布的从事金融业务的其他机构。

A. 商业银行　　B. 信用合作社

C. 邮政储汇机构　　D. 信托投资公司

（四）填空题

1. 对依法履行反洗钱职责或者义务获得的客户身份资料和交易信息，应当予以____；非依____规定，不得向任何单位和个人提供。
2. 金融机构应当依照本法规定建立健全反洗钱____制度，金融机构的负责人应当对反洗钱内部控制制度的有效实施负责。金融机构应当设立反洗钱____或者指定内设机构负责反洗钱工作。
3. 对涉嫌____资金的监控适用《反洗钱法》；其他法律另有规定的，适用其规定。

（五）简答题

简述依法给予反洗钱行政主管部门和其他依法负有反洗钱监督管理职责的部门、机构从事反洗钱工作的人员行政处分的行为。

参考答案

（一）判断题

1. √，解析：根据《反洗钱法》第 1 条规定。
2. ×，解析：根据《反洗钱法》第 9 条规定，国务院有关金融监督管理机构参与制定所监督管理的金融机构反洗钱规章，对所监督管理的金融机构提出按照规定建立健全反洗钱内部控制制度的要求，履行法律和国务院规定的有关反洗钱的其他职责。

3. √，解析：根据《反洗钱法》第 14 条规定。
4. √，解析：根据《反洗钱法》第 22 条规定。
5. √，解析：根据《反洗钱法》第 35 条规定。

（二）单项选择题

1. B，解析：根据《反洗钱法》第 3 条规定，在中华人民共和国境内设立的金融机构和按照规定应当履行反洗钱义务的特定非金融机构，应当依法采取预防、监控措施，建立健全客户身份识别制度、客户身份资料和交易记录保存制度、大额交易和可疑交易报告制度，履行反洗钱义务。
2. A，解析：根据《反洗钱法》第 13 条规定，反洗钱行政主管部门和其他依法负有反洗钱监督管理职责的部门、机构发现涉嫌洗钱犯罪的交易活动，应当及时向侦查机关报告。
3. B，解析：根据《反洗钱法》第 16 条第 3 款规定，客户由他人代理办理业务的，金融机构应当同时对代理人和被代理人的身份证件或者其他身份证明文件进行核对并登记。
4. D，解析：根据《反洗钱法》第 19 条第 3 款规定，客户身份资料在业务关系结束后、客户交易信息在交易结束后，应当至少保存 5 年。
5. B，解析：根据《反洗钱法》第 20 条规定，金融机构应当按照规定执行大额交易和可疑交易报告制度。金融机构办理的单笔交易或者在规定期限内的累计交易超过规定金额或者发现可疑交易的，应当及时向反洗钱信息中心报告。
6. B，解析：根据《反洗钱法》第 23 条规定，国务院反洗钱行政主管部门或者其省一级派出机构发现可疑交易活动，需要调查核实的，可以向金融机构进行调查，金融机构应当予以配合，如实提供有关文件和资料。调查可疑交易活动时，调查人员不得少于 2 人，并出示合法证件和国务院反洗钱行政主管部门或者其省一级派出机构出具的调查通知书。调查人员少于 2 人或者未出示合法证件和调查通知书的，金融机构有权拒绝调查。根据《反洗钱法》第 25 条规定，调查中需要进一步核查的，经国务院反洗钱行政主管部门或者其省一级派出机构的负责人批准，可以查阅、复制被调查对象的账户信息、交易记录和其他有关资料；对可能被转移、隐藏、篡改或者毁损的文件、资料，可以予以封存。调查人员封存文件、资料，应当会同在场的金融机构工作人员查点清楚，当场开列清单一式二份，由调查人员和在场的金融机构工作人员签名或者盖章，一份交金融机构，一份附卷备查。

7. C，解析：根据《反洗钱法》第 26 条第 3 款规定，临时冻结不得超过 48 小时。金融机构在按照国务院反洗钱行政主管部门的要求采取临时冻结措施后 48 小时内，未接到侦查机关继续冻结通知的，应当立即解除冻结。

（三）多项选择题

1. ABCD，解析：根据《反洗钱法》第 2 条规定，本法所称反洗钱，是指为了预防通过各种方式掩饰、隐瞒毒品犯罪、黑社会性质的组织犯罪、恐怖活动犯罪、走私犯罪、贪污贿赂犯罪、破坏金融管理秩序犯罪、金融诈骗犯罪等犯罪所得及其收益的来源和性质的洗钱活动，依照本法规定采取相关措施的行为。
2. AD，解析：根据《反洗钱法》第 12 条第 1 款规定，海关发现个人出入境携带的现金、无记名有价证券超过规定金额的，应当及时向反洗钱行政主管部门通报。
3. ABC，解析：根据《反洗钱法》第 16 条第 2 款规定，金融机构在与客户建立业务关系或者为客户提供规定金额以上的现金汇款、现钞兑换、票据兑付等一次性金融服务时，应当要求客户出示真实有效的身份证件或者其他身份证明文件，进行核对并登记。
4. ABD，解析：根据《反洗钱法》第 16 条第 6 款规定，金融机构对先前获得的客户身份资料的真实性、有效性或者完整性有疑问的，应当重新识别客户身份。

5. ABC，解析：根据《反洗钱法》第24条规定，调查可疑交易活动，可以询问金融机构有关人员，要求其说明情况。询问应当制作询问笔录。询问笔录应当交被询问人核对。记载有遗漏或者差错的，被询问人可以要求补充或者更正。被询问人确认笔录无误后，应当签名或者盖章；调查人员也应当在笔录上签名。
6. AC，解析：根据《反洗钱法》第27条规定，中华人民共和国根据缔结或者参加的国际条约，或者按照平等互惠原则，开展反洗钱国际合作。根据《反洗钱法》第29条规定，涉及追究洗钱犯罪的司法协助，由司法机关依照有关法律的规定办理。
7. ABCD，解析：根据《反洗钱法》第34条规定，本法所称金融机构，是指依法设立的从事金融业务的政策性银行、商业银行、信用合作社、邮政储汇机构、信托投资公司、证券公司、期货经纪公司、保险公司以及国务院反洗钱行政主管部门确定并公布的从事金融业务的其他机构。

（四）填空题

1. 保密；法律。（《反洗钱法》第5条）
2. 内部控制；专门机构。（《反洗钱法》第15条）
3. 恐怖活动。（《反洗钱法》第36条）

（五）简答题

答：根据《反洗钱法》第30条规定，反洗钱行政主管部门和其他依法负有反洗钱监督管理职责的部门、机构从事反洗钱工作的人员有下列行为之一的，依法给予行政处分：（1）违反规定进行检查、调查或者采取临时冻结措施的；（2）泄露因反洗钱知悉的国家秘密、商业秘密或者个人隐私的；（3）违反规定对有关机构和人员实施行政处罚的；（4）其他不依法履行职责的行为。

七、电子签名法

（一）判断题

1. 为了规范电子签名行为，确立电子签名的法律效力，维护有关各方的合法权益，制定《电子签名法》。（　　）
2. 数据电文可以仅因为其是以电子、光学、磁或者类似手段生成、发送、接收或者储存的而被拒绝作为证据使用。（　　）
3. 电子签名人应当妥善保管电子签名制作数据。电子签名人知悉电子签名制作数据已经失密或者可能已经失密时，应当及时告知有关各方，并终止使用该电子签名制作数据。（　　）
4. 电子认证服务提供者拟暂停或者终止电子认证服务的，应当在暂停或者终止服务 60 日前，就业务承接及其他有关事项通知有关各方。（　　）
5. 电子签名人，是指持有电子签名制作数据并以本人身份或者以其所代表的人的名义实施电子签名的人。（　　）

（二）单项选择题

1. 能够有形地表现所载内容，并可以随时调取查用的数据电文，视为符合法律、法规要求的（　　）形式。

   A. 书面　　　　B. 纸质

   C. 电子　　　　D. 口头

2. 发件人的主营业地为数据电文的发送地点，收件人的主营业地为数据电文的接收地点。没有主营业地的，其（　　）为发送或者接收地点。

A. 户口所在地　　B. 不动产所在地

C. 经常居住地　　D. 登记地

3. 电子认证服务提供者应当制定、公布符合国家有关规定的电子认证业务规则，并向国务院信息产业主管部门（　　）。

A. 注册　　B. 备案

C. 登记　　D. 报送

4. 电子认证服务提供者应当妥善保存与认证相关的信息，信息保存期限至少为电子签名认证证书失效后（　　）年。

A. 5　　B. 3

C. 2　　D. 1

5. 未经许可提供电子认证服务的，由国务院信息产业主管部门责令停止违法行为；有违法所得的，没收违法所得；违法所得 30 万元以上的，处（　　）。

A. 违法所得 1 倍以上 3 倍以下的罚款

B. 违法所得 1 倍以上 5 倍以下的罚款

C. 违法所得 2 倍以上 4 倍以下的罚款

D. 违法所得 2 倍以上 5 倍以下的罚款

6. 电子认证服务提供者不遵守认证业务规则、未妥善保存与认证相关的信息，或者有其他违法行为的，由国务院信息产业主管部门责令限期改正；逾期未改正的，吊销电子认证许可证书，其直接负责的主管人员和其他直接责任人员（　　）年内不得从事电子认证服务。

A. 3　　B. 5

C. 7　　D. 10

（三）多项选择题

1. 数据电文，是指以电子、光学、磁或者类似手段（　　）的信息。

   A. 生成　　B. 发送

   C. 接收　　D. 储存

2. 下列关于发送数据电文时间的说法正确的是：（　　）

   A. 数据电文进入发件人控制之外的某个信息系统的时间，视为该数据电文的发送时间

   B. 收件人指定特定系统接收数据电文的，数据电文进入该特定系统的时间，视为该数据电文的接收时间

   C. 收件人未指定特定系统的，数据电文进入收件人的任何系统的首次时间，视为该数据电文的接收时间

   D. 当事人对数据电文的发送时间、接收时间另有约定的，从其约定

3. 电子签名人向电子认证服务提供者申请电子签名认证证书，应当提供（　　）的信息。电子认证服务提供者收到电子签名认证证书申请后，应当对申请人的身份进行查验，并对有关材料进行审查。

   A. 有效　　B. 真实

   C. 完整　　D. 准确

4. （　　）他人的电子签名，构成犯罪的，依法追究刑事责任；给他人造成损失的，依法承担民事责任。

   A. 伪造　　B. 冒用

   C. 借用　　D. 盗用

5. 电子签名验证数据，是指用于验证电子签名的数据，包括

(　　) 等。

A. 代码　　　　B. 口令

C. 算法　　　　D. 公钥

(四) 填空题

1. 电子签名，是指数据电文中以____所含、所附用于____签名人身份并表明签名人认可其中内容的数据。
2. 可靠的电子签名与____或者____具有同等的法律效力。
3. 电子认证业务规则应当包括____、____、信息安全保障措施等事项。
4. 电子认证服务提供者应当保证电子签名认证证书内容在有效期内____，并保证电子签名依赖方能够____电子签名认证证书所载内容及其他有关事项。
5. 电子签名制作数据，是指在电子签名过程中使用的，将电子签名与电子签名人可靠地联系起来的____等数据。

(五) 简答题

1. 简述视为满足法律、法规规定的原件形式要求的数据电文的条件。
2. 简述视为满足法律、法规规定的文件保存要求的数据电文的条件。
3. 简述审查数据电文作为证据的真实性，应当考虑的因素。
4. 简述视为发件人发送数据电文的情形。
5. 简述视为可靠的电子签名的条件。
6. 简述提供电子认证服务，应当具备的条件。
7. 简述电子认证服务提供者签发的电子签名认证证书应当载明的内容。

参考答案

（一）判断题

1. √，解析：根据《电子签名法》第 1 条规定。
2. ×，解析：根据《电子签名法》第 7 条规定，数据电文不得仅因为其是以电子、光学、磁或者类似手段生成、发送、接收或者储存的而被拒绝作为证据使用。
3. √，解析：根据《电子签名法》第 15 条规定。
4. ×，解析：根据《电子签名法》第 23 条的 1 款规定，电子认证服务提供者拟暂停或者终止电子认证服务的，应当在暂停或者终止服务 90 日前，就业务承接及其他有关事项通知有关各方。
5. √，解析：根据《电子签名法》第 34 条规定。

（二）单项选择题

1. A，解析：根据《电子签名法》第 4 条规定，能够有形地表现所载内容，并可以随时调取查用的数据电文，视为符合法律、法规要求的书面形式。
2. C，解析：根据《电子签名法》第 12 条规定，发件人的主营业地为数据电文的发送地点，收件人的主营业地为数据电文的接收地点。没有主营业地的，其经常居住地为发送或者接收地点。当事人对数据电文的发送地点、接收地点另有约定的，从其约定。
3. B，解析：根据《电子签名法》第 19 条第 1 款规定，电子认证服务提供者应当制定、公布符合国家有关规定的电子认证业务规则，并向国务院信息产业主管部门备案。
4. A，解析：根据《电子签名法》第 24 条规定，电子认证服务提供者应当妥善保存与认证相关的信息，信息保存期限至少为电子签名认证证书失效后 5 年。

5. A，解析：根据《电子签名法》第29条规定，未经许可提供电子认证服务的，由国务院信息产业主管部门责令停止违法行为；有违法所得的，没收违法所得；违法所得30万元以上的，处违法所得1倍以上3倍以下的罚款；没有违法所得或者违法所得不足30万元的，处10万元以上30万元以下的罚款。
6. D，解析：根据《电子签名法》第31条规定，电子认证服务提供者不遵守认证业务规则、未妥善保存与认证相关的信息，或者有其他违法行为的，由国务院信息产业主管部门责令限期改正；逾期未改正的，吊销电子认证许可证书，其直接负责的主管人员和其他直接责任人员10年内不得从事电子认证服务。

（三）多项选择题

1. ABCD，解析：根据《电子签名法》第2条规定，本法所称电子签名，是指数据电文中以电子形式所含、所附用于识别签名人身份并表明签名人认可其中内容的数据。本法所称数据电文，是指以电子、光学、磁或者类似手段生成、发送、接收或者储存的信息。
2. ABCD，解析：根据《电子签名法》第11条规定，数据电文进入发件人控制之外的某个信息系统的时间，视为该数据电文的发送时间。收件人指定特定系统接收数据电文的，数据电文进入该特定系统的时间，视为该数据电文的接收时间；未指定特定系统的，数据电文进入收件人的任何系统的首次时间，视为该数据电文的接收时间。当事人对数据电文的发送时间、接收时间另有约定的，从其约定。
3. BCD，解析：根据《电子签名法》第20条规定，电子签名人向电子认证服务提供者申请电子签名认证证书，应当提供真实、完整和准确的信息。电子认证服务提供者收到电子签名认证证书申请后，应当对申请人的身份进行查验，并对有关材料进行审查。
4. ABD，解析：根据《电子签名法》第32条规定，伪造、冒用、盗用他人的电子签名，构成犯罪的，依法追究刑事责任；给他人造成损失的，依法承担民事责任。

5. ABCD，解析：根据《电子签名法》第34条第5项规定，电子签名验证数据，是指用于验证电子签名的数据，包括代码、口令、算法或者公钥等。

（四）填空题

1. 电子形式；识别。（《电子签名法》第2条）
2. 手写签名；盖章。（《电子签名法》第14条）
3. 责任范围；作业操作规范。（《电子签名法》第19条）
4. 完整、准确；证实或者了解。（《电子签名法》第22条）
5. 字符、编码。（《电子签名法》第34条）

（五）简答题

1. 答：根据《电子签名法》第5条规定，符合下列条件的数据电文，视为满足法律、法规规定的原件形式要求：（1）能够有效地表现所载内容并可供随时调取查用；（2）能够可靠地保证自最终形成时起，内容保持完整、未被更改。但是，在数据电文上增加背书以及数据交换、储存和显示过程中发生的形式变化不影响数据电文的完整性。
2. 答：根据《电子签名法》第6条规定，符合下列条件的数据电文，视为满足法律、法规规定的文件保存要求：（1）能够有效地表现所载内容并可供随时调取查用；（2）数据电文的格式与其生成、发送或者接收时的格式相同，或者格式不相同但是能够准确表现原来生成、发送或者接收的内容；（3）能够识别数据电文的发件人、收件人以及发送、接收的时间。
3. 答：根据《电子签名法》第8条规定，审查数据电文作为证据的真实性，应当考虑以下因素：（1）生成、储存或者传递数据电文方法的可靠性；（2）保持内容完整性方法的可靠性；（3）用以鉴别发件人方法的可靠性；（4）其他相关因素。
4. 答：根据《电子签名法》第9条规定，数据电文有下列情形之一的，视为发件人发送：（1）经发件人授权发送的；（2）发件人的信息系统自动发送的；（3）收件人按照发件人认可的方法对数据电文进行验证后结果相符的。当事人对前款规定的事项另有约定的，从其约定。

5. 答：根据《电子签名法》第13条规定，电子签名同时符合下列条件的，视为可靠的电子签名：（1）电子签名制作数据用于电子签名时，属于电子签名人专有；（2）签署时电子签名制作数据仅由电子签名人控制；（3）签署后对电子签名的任何改动能够被发现；（4）签署后对数据电文内容和形式的任何改动能够被发现。当事人也可以选择使用符合其约定的可靠条件的电子签名。

6. 答：根据《电子签名法》第17条规定，提供电子认证服务，应当具备下列条件：（1）取得企业法人资格；（2）具有与提供电子认证服务相适应的专业技术人员和管理人员；（3）具有与提供电子认证服务相适应的资金和经营场所；（4）具有符合国家安全标准的技术和设备；（5）具有国家密码管理机构同意使用密码的证明文件；（6）法律、行政法规规定的其他条件。

7. 答：根据《电子签名法》第21条规定，电子认证服务提供者签发的电子签名认证证书应当准确无误，并应当载明下列内容：（1）电子认证服务提供者名称；（2）证书持有人名称；（3）证书序列号；（4）证书有效期；（5）证书持有人的电子签名验证数据；（6）电子认证服务提供者的电子签名；（7）国务院信息产业主管部门规定的其他内容。

八、个人存款账户实名制规定

（一）判断题

1. 为了保证个人存款账户的真实性，维护存款人的合法权益，制定《个人存款账户实名制规定》。（　　）
2. 《个人存款账户实名制规定》所称实名，是指符合法律、行政法规和国家有关规定的身份证件上使用的姓名。（　　）

（二）单项选择题

1. 《个人存款账户实名制规定》所称金融机构，是指在境内依法（　　）个人存款业务的机构。

   A. 成立和经营　　B. 设立和经营

   C. 设立和办理　　D. 成立和办理

2. 金融机构违反《个人存款账户实名制规定》第 7 条规定的，由中国人民银行给予警告，可以处（　　）的罚款；情节严重的，可以并处责令停业整顿，对直接负责的主管人员和其他直接责任人员依法给予纪律处分；构成犯罪的，依法追究刑事责任。

   A. 500 元以上 1000 元以下

   B. 500 元以上 3000 元以下

   C. 1000 元以上 3000 元以下

   D. 1000 元以上 5000 元以下

(三) 多项选择题

1.《个人存款账户实名制规定》所称个人存款账户，是指个人在金融机构开立的人民币、外币存款账户，包括（　　）以及其他形式的个人存款账户。

A. 活期存款账户　　B. 定期存款账户

C. 定活两便存款账户　　D. 通知存款账户

2. 下列关于个人存款账户实名制的说法正确的是：（　　）

A. 在金融机构开立个人存款账户的，金融机构应当要求其出示本人身份证件，进行核对，并登记其身份证件上的姓名和号码

B. 代理他人在金融机构开立个人存款账户的，金融机构应当要求其出示被代理人和代理人的身份证件，进行核对，并登记被代理人和代理人的身份证件上的姓名和号码

C. 不出示本人身份证件或者不使用本人身份证件上的姓名的，金融机构不得为其开立个人存款账户

D. 金融机构及其工作人员负有为个人存款账户的情况保守秘密的责任

(四) 填空题

1. 中华人民共和国____的金融机构和在金融机构开立____的个人，应当遵守《个人存款账户实名制规定》。

2. 个人在金融机构开立个人存款账户时，应当出示本人____，使用____。代理他人在金融机构开立个人存款账户的，代理人应当出示____的身份证件。

3. 金融机构不得向任何单位或者个人提供有关个人存款账户的情况，并有权拒绝任何单位或者个人____个人在金融机构的款项；但是，

法律另有规定的除外。

（五）简答题

哪些身份证件为实名证件？

参考答案

（一）判断题

1. √，解析：根据《个人存款账户实名制规定》第 1 条规定。
2. √，解析：根据《个人存款账户实名制规定》第 5 条规定。

（二）单项选择题

1. B，解析：根据《个人存款账户实名制规定》第 3 条规定，本规定所称金融机构，是指在境内依法设立和经营个人存款业务的机构。
2. D，解析：根据《个人存款账户实名制规定》第 9 条规定，金融机构违反本规定第 7 条规定的，由中国人民银行给予警告，可以处 1000 元以上 5000 元以下的罚款；情节严重的，可以并处责令停业整顿，对直接负责的主管人员和其他直接责任人员依法给予纪律处分；构成犯罪的，依法追究刑事责任。

（三）多项选择题

1. ABCD，解析：根据《个人存款账户实名制规定》第 4 条规定，本规定所称个人存款账户，是指个人在金融机构开立的人民币、外币存款账户，包括活期存款账户、定期存款账户、定活两便存款账户、通知存款账户以及其他形式的个人存款账户。
2. ABCD，解析：根据《个人存款账户实名制规定》第 7 条规定，在金融机构开立个人存款账户的，金融机构应当要求其出示本人身份证件，进行核对，并登记其身份证件上的姓名和号码。代理他人在金融机构开立个人存款账户的，金融机构应当要求其出示被代理人和代理人的身份证件，进行核对，并登记被代理人和代理人的身份证件上的姓名和号码。不出示本人身份证件或者不使用本人身份证件上的姓名的，金融机构不得为其开立个人存款账户。根据《个人存款账户实名制规定》第 8 条规定，金融机构及其工作人员负有为个人存款账户的情况保守秘密的责任。金融机构不得向任何单位或者个人提供有关个人存款账户的情况，并有权拒绝任何单位或者个人查询、冻结、扣划个人在金融机构的款项；但是，法律另有规定的除外。

（四）填空题

1. 境内；个人存款账户。（《个人存款账户实名制规定》第 2 条）
2. 身份证件；实名；被代理人和代理人。（《个人存款账户实名制规定》第 6 条）
3. 查询、冻结、扣划。（《个人存款账户实名制规定》第 8 条）

（五）简答题

答：根据《个人存款账户实名制规定》第 5 条规定，本规定所称实名，是指符合法律、行政法规和国家有关规定的身份证件上使用的姓名。下列身份证件为实名证件：（1）居住在境内的中国公民，为居民身份证或者临时居民身份证；（2）居住在境内的 16 周岁以下的中国公民，为户口簿；（3）中国人民解放军军人，为军人身份证件；中国人民武装警察，为武装警察身份证件；（4）香港、澳门居民，为港澳居民往来内地通行证；台湾居民，为台湾居民来往大陆通行证或者其他有效旅行证件；（5）外国公民，为护照。

九、电子商务法

（一）判断题

1. 为了保障电子商务各方主体的合法权益，规范电子商务行为，维护市场秩序，促进电子商务持续健康发展，制定《电子商务法》。（　　）
2. 电子商务经营者，是指通过互联网等信息网络从事销售商品或者提供服务的经营活动的自然人、法人和非法人组织，包括电子商务平台经营者、平台内经营者以及通过自建网站、其他网络服务销售商品或者提供服务的电子商务经营者。（　　）
3. 电子商务经营者销售商品或者提供服务应当依法出具纸质发票或者电子发票等购货凭证或者服务单据。但电子发票与纸质发票不具有同等法律效力。（　　）
4. 有关主管部门依照法律、行政法规的规定要求电子商务经营者提供有关电子商务数据信息的，电子商务经营者应当提供。有关主管部门应当采取必要措施保护电子商务经营者提供的数据信息的安全，并对其中的个人信息、隐私和商业秘密严格保密，不得泄露、出售或者非法向他人提供。（　　）
5. 电子商务平台经营者在其平台上开展自营业务的，应当分标记自营业务和平台内经营者开展的业务，不得误导消费者。电子商务平台经营者对其所有的业务依法承担商品销售者或者服务提供者的民事责任。（　　）
6. 电子商务平台经营者应当建立健全信用评价制度，公示信用评价规则，为消费者提供对平台内销售的商品或者提供的服务进行评价的途径。电子商务平台经营者不得删除消费者对其平台内销售的商品或者提供的服务的评价。（　）

7. 电子商务经营者发布的商品或者服务信息符合要约条件的，用户选择该商品或者服务并提交订单成功，合同成立。当事人另有约定的，从其约定。电子商务经营者不得以格式条款等方式约定消费者支付价款后合同不成立；格式条款等含有该内容的，其内容无效。（　）

8. 消费者要求电子商务平台经营者承担先行赔偿责任以及电子商务平台经营者赔偿后向平台内经营者的追偿，适用《中华人民共和国民法典》的有关规定。（　）

9. 电子商务经营者销售商品或者提供服务，不履行合同义务或者履行合同义务不符合约定，或者造成他人损害的，依法承担民事责任。（　）

10. 电子商务经营者违反法律、行政法规有关个人信息保护的规定，或者不履行《电子商务法》第 30 条和有关法律、行政法规规定的网络安全保障义务的，依照《中华人民共和国国家安全法》等法律、行政法规的规定处罚。（　）

（二）单项选择题

1. 电子商务经营者自行终止从事电子商务的，应当提前（　　）日在首页显著位置持续公示有关信息。

A. 15　　B. 30

C. 60　　D. 90

2. 电子商务经营者应当按照承诺或者与消费者约定的（　　）向消费者交付商品或者服务，并承担商品运输中的风险和责任。但是，消费者另行选择快递物流服务提供者的除外。

A. 方式、价格　　B. 方式、规格

C. 方式、时限　　D. 价格、规格

3. 电子商务平台经营者应当记录、保存平台上发布的商品和服务信息、交易信息，并确保信息的完整性、保密性、可用性。商品和服务信息、交易信息保存时间自交易完成之日起不少于（　　）年；法律、行政法规另有规定的，依照其规定。

A. 1　　B. 2

C. 3　　D. 5

4. 电子商务平台经营者依据平台服务协议和交易规则对平台内经营者违反法律、法规的行为实施（　　）等措施的，应当及时公示。

A. 警示、中止或者终止服务　　B. 警告、暂停或者终止服务

C. 警告、中止或者终止服务　　D. 警示、暂停或者终止服务

5. 知识产权权利人认为其知识产权受到侵害的，有权通知电子商务平台经营者采取必要措施。对此，下列说法错误的是：（　　）

A. 电子商务平台经营者接到通知后，应当及时采取必要措施，并将该通知转送平台内经营者

B. 电子商务平台经营者未及时采取必要措施的，对损害的部分与平台内经营者承担连带责任

C. 因电子商务平台经营者通知错误造成平台内经营者损害的，依法承担民事责任

D. 电子商务平台经营者恶意发出错误通知，造成平台内经营者损失的，加倍承担赔偿责任

6. 电子商务经营者应当（　　）地告知用户订立合同的步骤、注意事项、下载方法等事项，并保证用户能够便利、完整地阅览和下

载。电子商务经营者应当保证用户在提交订单前可以更正输入错误。

A. 清晰、系统、明确　　B. 清晰、全面、系统

C. 系统、全面、明确　　D. 清晰、全面、明确

7. 电子支付服务提供者应当向用户免费提供对账服务以及最近（　　）年的交易记录。

A. 3　　B. 5

C. 7　　D. 10

8. 国家鼓励电子商务平台经营者建立有利于电子商务发展和消费者权益保护的商品、服务质量（　　）机制。

A. 抵押　　B. 质押

C. 担保　　D. 保险

9. 国务院和（　　）地方人民政府及其有关部门应当采取措施，支持、推动绿色包装、仓储、运输，促进电子商务绿色发展。

A. 乡级以上　　B. 设区的市级以上

C. 县级以上　　D. 市级以上

10. 下列关于电子商务促进的说法错误的是：（　　）

A. 国家维护电子商务交易安全，保护电子商务用户信息，鼓励电子商务数据开发应用，保障电子商务数据依法有序自由流动。

B. 国家采取措施推动建立公共数据共享机制，促进电子商务经营者依法利用公共数据

C. 国家促进跨境电子商务发展，建立健全适应跨境电子商务特点的海关、税收、进出境检验检疫、支付结算等管理制度，提高跨境电子商务各环节便利化水平，支持跨境电子商务平台经营者等为跨境电子商务提供仓储物流、报关、报检等服务

D. 国家限制小型微型企业从事跨境电子商务，支持并鼓励大型企业从事跨境电子商务

（三）多项选择题

1. 国家平等对待线上线下商务活动，促进线上线下融合发展，各级人民政府和有关部门不得采取歧视性的政策措施，不得滥用行政权力（　　）市场竞争。

A. 排除　　B. 阻碍

C. 遏制　　D. 限制

2. 电子商务经营者应当（　　）地披露商品或者服务信息，保障消费者的知情权和选择权。电子商务经营者不得以虚构交易、编造用户评价等方式进行虚假或者引人误解的商业宣传，欺骗、误导消费者。

A. 全面　　B. 真实

C. 准确　　D. 及时

3. 下列关于电子商务的说法正确的是：（　　）

A. 电子商务经营者收集、使用其用户的个人信息，应当遵守法律、行政法规有关个人信息保护的规定

B. 电子商务经营者应当明示用户信息查询、更正、删除以及用户注销的方式、程序，不得对用户信息查询、更正、删除以及用户注销设置不合理条件

C. 电子商务经营者收到用户信息查询或者更正、删除的申请的，应当在核实身份后及时提供查询或者更正、删除用户信息

D. 用户注销的，电子商务经营者应当立即删除该用户的信息；依照法律、行政法规的规定或者双方约定保存的，依照其规定

4. 电子商务平台经营者应当要求申请进入平台销售商品或者提供服

务的经营者提交其（　　）等真实信息，进行核验、登记，建立登记档案，并定期核验更新。

A. 身份　　B. 地址

C. 联系方式　　D. 行政许可

5. 电子商务平台经营者应当在其首页显著位置持续公示平台服务协议和交易规则信息或者上述信息的链接标识，并保证经营者和消费者能够（　　）地阅览和下载。

A. 便利　　B. 便捷

C. 完整　　D. 有效

6. 知识产权权利人认为其知识产权受到侵害的，有权通知电子商务平台经营者采取（　　）等必要措施。通知应当包括构成侵权的初步证据。

A. 删除　　B. 屏蔽

C. 断开链接　　D. 终止交易和服务

7. 电子支付服务提供者为电子商务提供电子支付服务，应当遵守国家规定，告知用户电子支付服务的功能、（　　）等事项，不得附加不合理交易条件。电子支付服务提供者应当确保电子支付指令的完整性、一致性、可跟踪稽核和不可篡改。

A. 使用方法　　B. 注意事项

C. 相关风险　　D. 收费标准

8. 电子商务当事人可以约定采用电子支付方式支付价款。下列关于电子支付的说法正确的是：（　　）

A. 用户应当妥善保管交易密码、电子签名数据等安全工具

B. 用户发现安全工具遗失、被盗用或者未经授权的支付的，应当及时通知电子支付服务提供者

C. 未经授权的支付造成的损失，由电子支付服务提供者承担

D. 电子支付服务提供者发现支付指令未经授权，或者收到用户支付指令未经授权的通知时，应当立即询问用户，在收到用户授权后采取措施防止损失扩大

9. 在电子商务争议处理中，电子商务经营者应当提供原始合同和交易记录。因电子商务经营者（　　）、隐匿或者拒绝提供前述资料，致使人民法院、仲裁机构或者有关机关无法查明事实的，电子商务经营者应当承担相应的法律责任。

A. 丢失　　B. 伪造

C. 篡改　　D. 销毁

10. 下列关于电子商务促进的说法正确的是：（　　）

A. 国家推动电子商务基础设施和物流网络建设，完善电子商务统计制度，加强电子商务标准体系建设

B. 国家推动电子商务在国民经济各个领域的应用，支持电子商务与各产业融合发展

C. 国家促进农业生产、加工、流通等环节的互联网技术应用，鼓励各类社会资源加强合作，促进农村电子商务发展，发挥电子商务在精准扶贫中的作用

D. 国家支持依法设立的信用评价机构开展电子商务信用评价，向社会提供电子商务信用评价服务

（四）填空题

1. 电子商务，是指通过____等信息网络销售商品或者提供服务的____活动。法律、行政法规对销售商品或者提供服务有规定的，适用其规定。____产品和服务，利用信息网络提供新闻信息、音视频节目、出版以及____产品等内容方面的服务，不适用《电子商务法》。

2. 电子商务行业组织按照本组织章程开展行业____，建立健全行业____，推动行业____建设，监督、引导本行业经营者公平参与市场竞争。
3. 电子商务经营者应当在其____显著位置，持续公示____信息、与其经营业务有关的行政许可信息、属于依照《电子商务法》第10条规定的不需要办理市场主体登记情形等信息，或者上述信息的____标识。
4. 电子商务经营者根据消费者的____、____等特征向其提供商品或者服务的搜索结果的，应当同时向该消费者提供不针对其____的选项，尊重和平等保护消费者合法权益。
5. 电子商务经营者因其____、用户数量、对相关行业的____以及其他经营者对该电子商务经营者在交易上的____等因素而具有市场支配地位的，不得滥用市场支配地位，排除、限制竞争。
6. 电子商务平台经营者应当遵循____的原则，制定平台服务协议和交易规则，明确进入和退出平台、商品和服务质量保障、消费者权益保护、____等方面的权利和义务。
7. 电子商务平台经营者____平台内经营者侵犯知识产权的，应当采取删除、屏蔽、断开链接、____等必要措施；未采取必要措施的，与侵权人承担____。
8. 电子商务当事人使用____系统订立或者履行合同的行为对使用该系统的当事人具有法律效力。在电子商务中推定当事人具有相应的____能力。但是，有相反证据足以____的除外。
9. 电子商务经营者应当建立____的投诉、举报机制，公开投诉、举报方式等信息，及时____投诉、举报。

参考答案

（一）判断题

1. √，解析：根据《电子商务法》第1条规定。
2. √，解析：根据《电子商务法》第9条规定。
3. ×，解析：根据《电子商务法》第14条规定，电子商务经营者销售商品或者提供服务应当依法出具纸质发票或者电子发票等购货凭证或者服务单据。电子发票与纸质发票具有同等法律效力。
4. √，解析：根据《电子商务法》第25条规定。
5. ×，解析：根据《电子商务法》第37条规定，电子商务平台经营者在其平台上开展自营业务的，应当以显著方式区分标记自营业务和平台内经营者开展的业务，不得误导消费者。电子商务平台经营者对其标记为自营的业务依法承担商品销售者或者服务提供者的民事责任。
6. √，解析：根据《电子商务法》第39条规定。
7. √，解析：根据《电子商务法》第49条规定。
8. ×，解析：根据《电子商务法》第58条第3款规定，消费者要求电子商务平台经营者承担先行赔偿责任以及电子商务平台经营者赔偿后向平台内经营者的追偿，适用《中华人民共和国消费者权益保护法》的有关规定。
9. √，解析：根据《电子商务法》第74条规定。
10. ×，解析：根据《电子商务法》第79条规定，电子商务经营者违反法律、行政法规有关个人信息保护的规定，或者不履行本法第30条和有关法律、行政法规规定的网络安全保障义务的，依照《中华人民共和国网络安全法》等法律、行政法规的规定处罚。

（二）单项选择题

1. B，解析：根据《电子商务法》第16条规定，电子商务经营者自行终止从事电子商务的，应当提前30日在首页显著位置持续公示有关信息。
2. C，解析：根据《电子商务法》第20条规定，电子商务经营者应当按照承诺或者与消费者约定的方式、时限向消费者交付商品或者服务，并承担商品运输中的风险和责任。但是，消费者另行选择快递物流服务提供者的除外。
3. C，解析：根据《电子商务法》第31条规定，电子商务平台经营者应当记录、保存平台上发布的商品和服务信息、交易信息，并确保信息的完整性、保密性、可用性。商品和服务信息、交易信息保存时间自交易完成之日起不少于3年；法律、行政法规另有规定的，依照其规定。
4. D，解析：根据《电子商务法》第36条规定，电子商务平台经营者依据平台服务协议和交易规则对平台内经营者违反法律、法规的行为实施警示、暂停或者终止服务等措施的，应当及时公示。
5. B，解析：根据《电子商务法》第42条规定，知识产权权利人认为其知识产权受到侵害的，有权通知电子商务平台经营者采取删除、屏蔽、断开链接、终止交易和服务等必要措施。通知应当包括构成侵权的初步证据。电子商务平台经营者接到通知后，应当及时采取必要措施，并将该通知转送平台内经营者；未及时采取必要措施的，对损害的扩大部分与平台内经营者承担连带责任。因通知错误造成平台内经营者损害的，依法承担民事责任。恶意发出错误通知，造成平台内经营者损失的，加倍承担赔偿责任。
6. D，解析：根据《电子商务法》第50条规定，电子商务经营者应当清晰、全面、明确地告知用户订立合同的步骤、注意事项、下载方法等事项，并保证用户能够便利、完整地阅览和下载。电子商务经营者应当保证用户在提交订单前可以更正输入错误。

7. A，解析：根据《电子商务法》第53条第3款规定，电子支付服务提供者应当向用户免费提供对账服务以及最近3年的交易记录。

8. C，解析：根据《电子商务法》第58条第1款规定，国家鼓励电子商务平台经营者建立有利于电子商务发展和消费者权益保护的商品、服务质量担保机制。

9. C，解析：根据《电子商务法》第65条规定，国务院和县级以上地方人民政府及其有关部门应当采取措施，支持、推动绿色包装、仓储、运输，促进电子商务绿色发展。

10. D，解析：根据《电子商务法》第69条规定，国家维护电子商务交易安全，保护电子商务用户信息，鼓励电子商务数据开发应用，保障电子商务数据依法有序自由流动。国家采取措施推动建立公共数据共享机制，促进电子商务经营者依法利用公共数据。根据《电子商务法》第71条规定，国家促进跨境电子商务发展，建立健全适应跨境电子商务特点的海关、税收、进出境检验检疫、支付结算等管理制度，提高跨境电子商务各环节便利化水平，支持跨境电子商务平台经营者等为跨境电子商务提供仓储物流、报关、报检等服务。国家支持小型微型企业从事跨境电子商务。

（三）多项选择题

1. AD，解析：根据《电子商务法》第4条规定，国家平等对待线上线下商务活动，促进线上线下融合发展，各级人民政府和有关部门不得采取歧视性的政策措施，不得滥用行政权力排除、限制市场竞争。

2. ABCD，解析：根据《电子商务法》第17条规定，电子商务经营者应当全面、真实、准确、及时地披露商品或者服务信息，保障消费者的知情权和选择权。电子商务经营者不得以虚构交易、编造用户评价等方式进行虚假或者引人误解的商业宣传，欺骗、误导消费者。

3. ABCD，解析：根据《电子商务法》第23条规定，电子商务经营者收集、使用其用户的个人信息，应当遵守法律、行政法规有关个人信息保护的规定。根据《电子商务法》第 24 条规定，电子商务经营者应当明示用户信息查询、更正、删除以及用户注销的方式、程序，不得对用户信息查询、更正、删除以及用户注销设置不合理条件。电子商务经营者收到用户信息查询或者更正、删除的申请的，应当在核实身份后及时提供查询或者更正、删除用户信息。用户注销的，电子商务经营者应当立即删除该用户的信息；依照法律、行政法规的规定或者双方约定保存的，依照其规定。

4. ABCD，解析：根据《电子商务法》第 27 条规定，电子商务平台经营者应当要求申请进入平台销售商品或者提供服务的经营者提交其身份、地址、联系方式、行政许可等真实信息，进行核验、登记，建立登记档案，并定期核验更新。电子商务平台经营者为进入平台销售商品或者提供服务的非经营用户提供服务，应当遵守本节有关规定。

5. AC，解析：根据《电子商务法》第 33 条规定，电子商务平台经营者应当在其首页显著位置持续公示平台服务协议和交易规则信息或者上述信息的链接标识，并保证经营者和消费者能够便利、完整地阅览和下载。

6. ABCD，解析：根据《电子商务法》第 42 条第 1 款规定，知识产权权利人认为其知识产权受到侵害的，有权通知电子商务平台经营者采取删除、屏蔽、断开链接、终止交易和服务等必要措施。通知应当包括构成侵权的初步证据。

7. ABCD，解析：根据《电子商务法》第 53 条第 2 款规定，电子支付服务提供者为电子商务提供电子支付服务，应当遵守国家规定，告知用户电子支付服务的功能、使用方法、注意事项、相关风险和收费标准等事项，不得附加不合理交易条件。电子支付服务提供者应当确保电子支付指令的完整性、一致性、可跟踪稽核和不可篡改。

8. ABC，解析：根据《电子商务法》第57条规定，用户应当妥善保管交易密码、电子签名数据等安全工具。用户发现安全工具遗失、被盗用或者未经授权的支付的，应当及时通知电子支付服务提供者。未经授权的支付造成的损失，由电子支付服务提供者承担；电子支付服务提供者能够证明未经授权的支付是因用户的过错造成的，不承担责任。电子支付服务提供者发现支付指令未经授权，或者收到用户支付指令未经授权的通知时，应当立即采取措施防止损失扩大。电子支付服务提供者未及时采取措施导致损失扩大的，对损失扩大部分承担责任。

9. ABCD，解析：根据《电子商务法》第62条规定，在电子商务争议处理中，电子商务经营者应当提供原始合同和交易记录。因电子商务经营者丢失、伪造、篡改、销毁、隐匿或者拒绝提供前述资料，致使人民法院、仲裁机构或者有关机关无法查明事实的，电子商务经营者应当承担相应的法律责任。

10. ABCD，解析：根据《电子商务法》第66条规定，国家推动电子商务基础设施和物流网络建设，完善电子商务统计制度，加强电子商务标准体系建设。根据《电子商务法》第67条规定，国家推动电子商务在国民经济各个领域的应用，支持电子商务与各产业融合发展。根据《电子商务法》第68条规定，国家促进农业生产、加工、流通等环节的互联网技术应用，鼓励各类社会资源加强合作，促进农村电子商务发展，发挥电子商务在精准扶贫中的作用。根据《电子商务法》第70条规定，国家支持依法设立的信用评价机构开展电子商务信用评价，向社会提供电子商务信用评价服务。

（四）填空题

1. 互联网；经营；金融类；文化。（《电子商务法》第2条）
2. 自律；规范；诚信。（《电子商务法》第8条）
3. 首页；营业执照；链接。（《电子商务法》第15条）

4. 兴趣爱好；消费习惯；个人特征。（《电子商务法》第 18 条）
5. 技术优势；控制能力；依赖程度。（《电子商务法》第 22 条）
6. 公开、公平、公正；个人信息保护。（《电子商务法》第 32 条）
7. 知道或者应当知道；终止交易和服务；连带责任。（《电子商务法》第 45 条）
8. 自动信息；民事行为；推翻。（《电子商务法》第 48 条）
9. 便捷、有效；受理并处理。（《电子商务法》第 59 条）

十、民法典

（一）判断题

1. 民事主体从事民事活动，应当有利于节约资源、保护生态环境。（　　）
2. 民事主体的财产权利受法律平等保护。（　　）
3. 民事权益受到侵害的，被侵权人有权请求侵权人承担侵权责任。（　　）
4. 基于虚假的意思实施的民事法律行为，行为人有权请求人民法院或者仲裁机构予以撤销。（　　）
5. 违反法律、行政法规的强制性规定的民事法律行为一律无效。（　　）
6. 危险由自然原因引起的，紧急避险人不承担民事责任，可以给予适当补偿。（　　）
7. 死者的姓名、肖像、名誉、荣誉、隐私、遗体等受到侵害的，只有其配偶、子女、父母有权依法请求行为人承担民事责任。（　　）
8. 所有的民事主体都享有生命权，有权维护自己的生命安全和生命尊严。任何组织或者个人不得侵害。（　　）
9. 民事主体享有姓名权，有权依法决定、使用、变更或者许可他人使用自己的姓名。（　　）
10. 自然人享有名誉权，法人和其他组织不享有名誉权。（　　）

（二）单项选择题

1. 民事主体从事民事活动，应当遵循（　　）原则，合理确定各方的权利和义务。

   A. 自愿　　　　B. 公平

   B. 诚信　　　　D. 公序良俗

2. 依照法律或者法人章程的规定，代表法人从事民事活动的负责人，为法人的（　　）。

   A. 委托代理人　　　　B. 法定代理人

   C. 委托代表人　　　　D. 法定代表人

3. 因他人没有（　　）根据，取得不当利益，受损失的人有权请求其返还不当利益。

   A. 事实　　　　B. 习惯

   C. 现实　　　　D. 法律

4. 下列关于民事法律行为的说法错误的是：（　　）

   A. 民事法律行为是民事主体通过意思表示设立、变更、终止民事法律关系的行为

   B. 民事法律行为可以基于双方或者多方的意思表示一致成立

   C. 民事法律行为不可以基于单方的意思表示成立

   D. 法人依照章程规定的议事方式和表决程序作出决议的，该决议行为成立

5. 下列关于无效的民事法律行为的法律约束力的说法正确的是：（　　）

   A. 自行为人知道该行为时起没有法律约束力

   B. 自行为人申请该行为无效时起没有法律约束力

   C. 自人民法院确定该行为无效时起没有法律约束力

D. 自始没有法律约束力

6. 代理人不得以被代理人的名义与自己同时代理的其他人实施民事法律行为，但是（　　）同意或者追认的除外。

A. 被代理人　　B. 代理人

C. 被代理的双方　　D. 同时代理的其他人

7. 因当事人一方的违约行为，损害对方人格权并造成严重精神损害，以下表述正确的是：（　　）

A. 受损害方只能选择请求精神损害赔偿

B. 受损害方只能选择请求精神损害赔偿请求其承担违约责任

C. 承担违约责任不足以弥补受损害方的，可以选择请求精神损害赔偿

D. 受损害方选择请求其承担违约责任的，不影响受损害方请求精神损害赔偿

8. 以下关于人体临床试验的表述，错误的是：（　　）

A. 试验的目的是为研制新药、医疗器械或者发展新的预防和治疗方法

B. 需要进行临床试验的，应当依法经相关主管部门批准并经伦理委员会审查同意

C. 向受试者或者受试者的监护人告知试验目的、用途和可能产生的风险等详细情况

D. 应当经受试者或者受试者的监护人书面同意，并可收取成本费用

9. 关于肖像和肖像权，下列表述错误的是：（　　）

A. 自然人享有肖像权

B. 自然人有权依法制作、使用、公开自己的肖像

C. 自然人有权依法许可他人使用自己的肖像

D.《民法典》所称肖像是指通过影像、雕塑、绘画等方式在一定载体上所反映的自然人的外部形象

(三)多项选择题

1. 物权包括:( )

A. 著作权　　B. 所有权

B. 用益物权　　D. 担保物权

2. 行为人( ),不得擅自变更或者解除民事法律行为。

A. 非依人民法院判决　　B. 非依仲裁机构裁决

C. 非依法律规定　　D. 未经对方同意

3. 民事法律行为有效的条件有:( )

A. 行为人具有相应的民事行为能力

B. 意思表示真实

C. 不违反法律、行政法规的强制性规定

D. 不违背公序良俗

4. 下列关于附条件和附期限的民事法律行为的说法正确的是:( )

A. 附生效条件的民事法律行为,自条件成就时生效

B. 附解除条件的民事法律行为,自条件成就时失效

C. 附生效期限的民事法律行为,自期限届至时生效

D. 附终止期限的民事法律行为,自期限届满时失效

5. 下列关于行为人没有代理权,仍然实施代理行为的说法正确的是:( )

A. 未经被代理人追认的,对被代理人不发生效力

B. 相对人可以催告被代理人自收到通知之日起30日内予以追认

C. 行为人实施的行为未被追认的,善意相对人有权请求行为人履

行债务

D. 行为人实施的行为被追认前，善意相对人有撤销的权利

6. 行为人（　　），仍然实施代理行为，相对人有理由相信行为人有代理权的，代理行为有效。

A. 代理权中止　　B. 没有代理权

C. 超越代理权　　D. 代理权终止后

7. 侵害英雄烈士等的（　　），损害社会公共利益的，应当承担民事责任。

A. 姓名　　B. 肖像

C. 名誉　　D. 荣誉

8. 自然人可以将自己的（　　）等许可他人使用，但是依照法律规定或者根据其性质不得许可的除外。

A. 姓名　　B. 名称

C. 肖像　　D. 荣誉

9. 以下关于身体权的表述，正确的是：（　　）

A. 自然人享有身体权

B. 自然人的身体完整和行动自由受法律保护

C. 自然人的身心健康受法律保护

D. 任何组织或者个人不得侵害他人的身体权

10. 行为人为公共利益实施新闻报道、舆论监督等行为，影响他人名誉的，需要承担民事责任的情形包括：（　　）

A. 捏造、歪曲事实

B. 对他人提供的失实内容未尽到全面审查义务

C. 使用侮辱性言辞等贬损他人名誉

D. 对他人提供的严重失实内容未尽到合理核实义务

（四）填空题

1. 民事主体从事民事活动，不得违反____，不得违背____。
2. 民事主体____滥用民事权利损害国家利益、____或者他人合法权益。
3. 行为人与相对人____，损害他人合法权益的民事法律行为无效。
4. 代理人不得以被代理人的名义与____实施民事法律行为，但是被代理人____的除外。
5. 危险由____原因引起的，紧急避险人不承担民事责任，可以给予适当____。
6. 因自愿实施____造成受助人损害的，救助人不承担民事责任。
7. 以____等方式剥夺、限制他人的行动自由，或者____他人身体的，受害人有权依法请求行为人承担民事责任。
8. 对姓名等的____，参照适用____许可使用的有关规定。对自然人声音的保护，参照适用____保护的有关规定。
9. 任何组织或者个人不得____他人的荣誉称号，不得____、____他人的荣誉。
10. 自然人发现信息处理者违反法律、行政法规的规定或者双方的约定处理其个人信息的，有权请求信息处理者____。

（五）简答题

1. 简述承担民事责任的方式。
2. 试列举自然人可以在父姓和母姓之外选取姓氏的情形。
3. 试列举我国《民法典》规定的肖像权的合理使用情形。
4. 试列举侵害隐私权的行为方式。

参考答案

（一）判断题

1. √，解析：根据《民法典》第 9 条规定。
2. √，解析：根据《民法典》第 113 条规定。
3. √，解析：根据《民法典》第 120 条规定。
4. ×，解析：根据《民法典》第 146 条第 1 款规定，行为人与相对人以虚假的意思表示实施的民事法律行为无效。根据《民法典》第 147 条规定，基于重大误解实施的民事法律行为，行为人有权请求人民法院或者仲裁机构予以撤销。
5. ×，解析：根据《民法典》第 153 条规定，违反法律、行政法规的强制性规定的民事法律行为无效。但是，该强制性规定不导致该民事法律行为无效的除外。违背公序良俗的民事法律行为无效。
6. √，解析：根据《民法典》第 182 条规定。
7. ×，解析：根据《民法典》第 994 条规定，死者的姓名、肖像、名誉、荣誉、隐私、遗体等受到侵害的，其配偶、子女、父母有权依法请求行为人承担民事责任；死者没有配偶、子女并且父母已经死亡的，其他近亲属有权依法请求行为人承担民事责任。
8. ×，解析：根据《民法典》第 1002 条规定，自然人享有生命权。自然人的生命安全和生命尊严受法律保护。任何组织或者个人不得侵害他人的生命权。
9. ×，解析：根据《民法典》第 1012 规定，自然人享有姓名权，有权依法决定、使用、变更或者许可他人使用自己的姓名，但是不得违背公序良俗。
10. ×，解析：根据《民法典》第 1024 条规定，民事主体享有名誉权。任何组织或者个人不得以侮辱、诽谤等方式侵害他人的名誉权。名誉是对民事主体的品德、声望、才能、信用等的社会评价。

（二）单项选择题

1. B，解析：根据《民法典》第6条规定，民事主体从事民事活动，应当遵循公平原则，合理确定各方的权利和义务。
2. D，解析：根据《民法典》第61条第1款规定，依照法律或者法人章程的规定，代表法人从事民事活动的负责人，为法人的法定代表人。
3. D，解析：根据《民法典》第122条规定，因他人没有法律根据，取得不当利益，受损失的人有权请求其返还不当利益。
4. C，解析：根据《民法典》第133条规定，民事法律行为是民事主体通过意思表示设立、变更、终止民事法律关系的行为。根据《民法典》第134条规定，民事法律行为可以基于双方或者多方的意思表示一致成立，也可以基于单方的意思表示成立。法人、非法人组织依照法律或者章程规定的议事方式和表决程序作出决议的，该决议行为成立。
5. D，解析：根据《民法典》第155条规定，无效的或者被撤销的民事法律行为自始没有法律约束力。
6. C，解析：根据《民法典》第168条第2款规定，代理人不得以被代理人的名义与自己同时代理的其他人实施民事法律行为，但是被代理的双方同意或者追认的除外。
7. D，解析：根据《民法典》第996条规定，因当事人一方的违约行为，损害对方人格权并造成严重精神损害，受损害方选择请求其承担违约责任的，不影响受损害方请求精神损害赔偿。
8. D，解析：根据《民法典》第1008条规定，为研制新药、医疗器械或者发展新的预防和治疗方法，需要进行临床试验的，应当依法经相关主管部门批准并经伦理委员会审查同意，向受试者或者受试者的监护人告知试验目的、用途和可能产生的风险等详细情况，并经其书面同意。进行临床试验的，不得向受试者收取试验费用。据此，ABC 项正确，D 项错误。

9. D，解析：根据《民法典》第 1018 条规定，自然人享有肖像权，有权依法制作、使用、公开或者许可他人使用自己的肖像。肖像是通过影像、雕塑、绘画等方式在一定载体上所反映的特定自然人可以被识别的外部形象。据此，选项 ABC 正确，选项 D 错误。

（三）多项选择题

1. BCD，解析：根据《民法典》第 114 条第 2 款规定，物权是权利人依法对特定的物享有直接支配和排他的权利，包括所有权、用益物权和担保物权。
2. CD，解析：根据《民法典》第 136 条规定，民事法律行为自成立时生效，但是法律另有规定或者当事人另有约定的除外。行为人非依法律规定或者未经对方同意，不得擅自变更或者解除民事法律行为。
3. ABCD，解析：根据《民法典》第 143 条规定，具备下列条件的民事法律行为有效：（1）行为人具有相应的民事行为能力；（2）意思表示真实；（3）不违反法律、行政法规的强制性规定，不违背公序良俗。
4. ABCD，解析：根据《民法典》第 158 条规定，民事法律行为可以附条件，但是根据其性质不得附条件的除外。附生效条件的民事法律行为，自条件成就时生效。附解除条件的民事法律行为，自条件成就时失效。根据第 160 条规定，民事法律行为可以附期限，但是根据其性质不得附期限的除外。附生效期限的民事法律行为，自期限届至时生效。附终止期限的民事法律行为，自期限届满时失效。
5. ABCD，解析：根据《民法典》第 171 条规定，行为人没有代理权、超越代理权或者代理权终止后，仍然实施代理行为，未经被代理人追认的，对被代理人不发生效力。相对人可以催告被代理人自收到通知之日起 30 日内予以追认。被代理人未作表示的，视为拒绝追认。行为人实施的行为被追认前，善意相对人有撤销的权利。撤销应当以通知的方式作出。行为人实施的行为未被追认的，善意相对人有权请求行为人履行债务或者就其受到的损害请求行为人赔偿。但是，赔偿的范围不得超过被代理人追认时相对人所能获得的利益。相对人知道或者应当知道行为人无权代理的，相对人和行为人按照各自的过错承担责任。

6. BCD，解析：根据《民法典》第 172 条规定，行为人没有代理权、超越代理权或者代理权终止后，仍然实施代理行为，相对人有理由相信行为人有代理权的，代理行为有效。

7. ABCD，解析：根据《民法典》第 185 条规定，侵害英雄烈士等的姓名、肖像、名誉、荣誉，损害社会公共利益的，应当承担民事责任。

8. AC，解析：根据《民法典》第 993 条规定，民事主体可以将自己的姓名、名称、肖像等许可他人使用，但是依照法律规定或者根据其性质不得许可的除外。其中，自然人享有姓名权，法人、非法人组织享有名称权，故 AC 正确，BD 错误。

9. ABD，解析：根据《民法典》第 1003 条规定，自然人享有身体权。自然人的身体完整和行动自由受法律保护。任何组织或者个人不得侵害他人的身体权。ABD 项正确。根据《民法典》第 1004 条的规定，C 项属于自然人健康权的内容。

10. ACD，解析：根据《民法典》第 1025 条规定，行为人为公共利益实施新闻报道、舆论监督等行为，影响他人名誉的，不承担民事责任，但是有下列情形之一的除外：（1）捏造、歪曲事实；（2）对他人提供的严重失实内容未尽到合理核实义务；（3）使用侮辱性言辞等贬损他人名誉。据此，ACD 项正确，B 项错误。

（四）填空题

1. 法律；公序良俗。（《民法典》第 8 条）
2. 不得；社会公共利益。（《民法典》第 132 条）
3. 恶意串通。（《民法典》第 154 条）

4. 自己；同意或者追认。（《民法典》第 168 条）
5. 自然；补偿。（《民法典》第 182 条）
6. 紧急救助行为。（《民法典》第 184 条）
7. 非法拘禁；非法搜查。（《民法典》1011 条）
8. 许可使用；肖像；肖像权。（《民法典》1023 条）
9. 非法剥夺；诋毁；贬损。（《民法典》第 1031 条）
10. 及时删除。（《民法典》第 1037 条）

（五）简答题

1. 答：根据《民法典》第 179 条第 1 款规定，承担民事责任的方式主要有：（1）停止侵害；（2）排除妨碍；（3）消除危险；（4）返还财产；（5）恢复原状；（6）修理、重作、更换；（7）继续履行；（8）赔偿损失；（9）支付违约金；（10）消除影响、恢复名誉；（11）赔礼道歉。
2. 答：根据《民法典》第 1015 条规定，自然人有下列情形之一的，可以在父姓和母姓之外选取姓氏：（1）选取其他直系长辈血亲的姓氏；（2）因由法定扶养人以外的人扶养而选取扶养人姓氏；（3）有不违背公序良俗的其他正当理由。少数民族自然人的姓氏可以遵从本民族的文化传统和风俗习惯。
3. 答：根据《民法典》第 1020 条规定，合理实施下列行为的，可以不经肖像权人同意：（1）为个人学习、艺术欣赏、课堂教学或者科学研究，在必要范围内使用肖像权人已经公开的肖像；（2）为实施新闻报道，不可避免地制作、使用、公开肖像权人的肖像；（3）为依法履行职责，国家机关在必要范围内制作、使用、公开肖像权人的肖像；（4）为展示特定公共环境，不可避免地制作、使用、公开肖像权人的肖像；（5）为维护公共利益或者肖像权人合法权益，制作、使用、公开肖像权人的肖像的其他行为。
4. 答：根据《民法典》第 1033 条规定，除法律另有规定或者权利人明确同意外，任何组织或者个人不得实施下列行为：（1）以电话、短信、即时通讯工具、电子邮件、传单等方式侵扰他人的私人生活安宁；（2）进入、拍摄、窥视他人的住宅、宾馆房间等私密空间；（3）拍摄、窥视、窃听、公开他人的私密活动；（4）拍摄、窥视他人身体的私密部位；（5）处理他人的私密信息；（6）以其他方式侵害他人的隐私权。

十一、刑　法

（一）判断题

1. 对任何人犯罪，在适用法律上一律平等。不允许任何人有超越法律的特权。（　　）
2. 过失犯罪应当负刑事责任。（　　）
3. 已经着手实行犯罪，由于犯罪分子意志以外的原因而未得逞的，是犯罪未遂。（　　）
4. 教唆不满18周岁的人犯罪的，应当从重处罚。如果被教唆的人年满18岁，对于教唆犯，可以从轻或者减轻处罚。（　　）
5. 被判处拘役的犯罪分子，由公安机关就近执行，执行期间不得回家。（　　）
6. 判处管制附加剥夺政治权利的，剥夺政治权利的期限与管制的期限相等，刑期自管制执行完毕之日起计算。（　　）
7. 用于扶贫和其他公益事业的社会捐助或者专项基金的财产属于公共财产。（　　）
8. 以非法占有为目的，使用诈骗方法非法集资，数额较大的，处3年以上7年以下有期徒刑，并处罚金。（　　）
9. 窃取或者以其他方法非法获取公民个人信息的，依照《刑法》第253条之一第1款的规定处罚。（　　）
10. 网络服务提供者不履行法律、行政法规规定的信息网络安全管理义务，经监管部门责令采取改正措施而拒不改正，致使用户信息泄露的，处3年以下有期徒刑、拘役或者管制，并处或者单处罚

金。（　　）

（二）单项选择题

1. 外国人在中华人民共和国领域外对（　　）犯罪，而按《刑法》规定的最低刑为 3 年以上有期徒刑的，可以适用《刑法》，但是按照（　　）的法律不受处罚的除外。

A. 中华人民共和国国家或者公民；犯罪地

B. 中华人民共和国国家；国籍国

C. 中华人民共和国公民；中华人民共和国

D. 中华人民共和国公民；犯罪地

2. 享有外交特权和豁免权的外国人的刑事责任，通过（　　）解决。

A. 所在国法律　　B. 外交途径

C. 犯罪地法律　　D. 派遣国法律

3. （　　），因而构成犯罪的，是故意犯罪。

A. 应当预见自己的行为可能发生危害社会的结果，因为疏忽大意而没有预见

B. 已经预见自己的行为可能发生危害社会的结果，而轻信能够避免

C. 由于不能抗拒或者不能预见的原因引起的危害社会的结果

D. 明知自己的行为会发生危害社会的结果，并且希望或者放任这种结果发生

4. （　　）的人，犯故意杀人、故意伤害致人重伤或者死亡、强奸、抢劫、贩卖毒品、放火、爆炸、投放危险物质罪的，应当负刑事责任。

A. 已满 12 周岁　　B. 不满 16 周岁

C. 已满 14 周岁不满 16 周岁　　D. 不满 14 周岁

5. 精神病人在不能辨认或者不能控制自己行为的时候造成危害结果，（　　），不负刑事责任。

A. 有证人可以证明的

B. 有专家或者相关学术观点可以证明的

C. 经法定程序鉴定确认的

D. 获得被害人家属谅解的

6. 对正在进行行凶、（　　）以及其他严重危及人身安全的暴力犯罪，采取防卫行为，造成不法侵害人伤亡的，不属于防卫过当，不负刑事责任。

A. 杀人、抢劫、强奸、绑架

B. 杀人、抢夺、强奸、绑架

C. 杀人、抢夺、强奸、非法拘禁

D. 杀人、抢劫、强奸、非法拘禁

7. 对于被胁迫参加犯罪的，应当按照（　　）减轻处罚或者免除处罚。

A. 他的犯罪情节

B. 集团所犯的全部罪行

B. 他所参与的全部犯罪

D. 能够查明的全部集团所犯罪行

8. 以下不是附加刑的是（　　）。

A. 罚金　　B. 剥夺政治权利

C. 拘役　　D. 没收财产

9. 因利用职业便利实施犯罪，或者实施违背职业要求的特定义务的犯罪被判处刑罚的，人民法院可以根据犯罪情况和预防再犯罪的需要，禁止其自刑罚执行完毕之日或者假释之日起从事相关职业，期限为（　　）。

A. 3个月至6个月　　B. 6个月至1年

C. 1年至2年　　D. 3年至5年

10. 拘役的期限为（　　）。

A. 1个月以上至3个月以下　　B. 3个月以上至6个月以下

C. 6个月以上至1年以下　　D. 1个月以上至6个月以下

11. 下列不属于人民法院对被判处死刑缓期执行的犯人限制减刑的情况的是：（　）

A. 被判处死刑缓期执行的累犯

B. 因故意杀人被判处死刑缓期执行的犯罪分子

C. 因贪污罪被判处死刑缓期执行的犯罪分子

D. 因有组织的暴力性犯罪被判处死刑缓期执行的犯罪分子

12. 对于不能全部缴纳罚金的，人民法院在（　　）发现被执行人有可以执行的财产，应当（　　）追缴。

A. 执行期届满后；不得　　B. 执行期届满后；继续

C. 任何时候；随时　　D. 任何时候；经法院裁定后

13. 犯罪分子虽然不具有《刑法》规定的减轻处罚情节，但是根据案件的特殊情况，经最高人民法院（　　），也可以在法定刑以下判处刑罚。

A. 核准　　B. 批准

C. 判决　　D. 裁决

14. 被判处有期徒刑以上刑罚的犯罪分子，刑罚执行完毕或者赦免以后，在（　　）以内再犯应当判处有期徒刑以上刑罚之罪的，是累犯，应当从重处罚。

A. 2年　　B. 3年

C. 5年　　D. 10年

15. 对于犯罪分子的减刑，由执行机关向（　　）提出减刑建议书。

A. 最高人民法院　　B. 高级人民法院

C. 原审法院的上级人民法院　　D. 中级以上人民法院

16. 有期徒刑的假释考验期限，为（　　）；无期徒刑的假释考验期限为（　　）。假释考验期限，从假释之日起计算。

A. 没有执行完毕的刑期；10 年

B. 原判刑期 1/3 的刑期；没有执行完毕的刑期

C. 原判刑期 1/2 的刑期；10 年

D. 10 年；10 年

17. 使用伪造的信用卡，或者使用以虚假的身份证明骗领的信用卡，进行信用卡诈骗活动，数额较大的，处（　　）。

A. 3 年以下有期徒刑或者拘役，并处 2 万元以上 20 万元以下罚金

B. 3 年以下有期徒刑或者拘役，并处或者单处 2 万元以上 20 万元以下罚金

C. 5 年以下有期徒刑或者拘役，并处 2 万元以上 20 万元以下罚金

D. 5 年以下有期徒刑或者拘役，并处或者单处 2 万元以上 20 万元以下罚金

18. 违反国家有关规定，向他人出售或者提供公民个人信息，情节严重的，处（　　）。

A. 3 年以下有期徒刑或者拘役，并处罚金

B. 3 年以下有期徒刑、拘役或者管制，并处罚金

C. 3 年以下有期徒刑、拘役或者管制，并处或者单处罚金

D. 3 年以下有期徒刑或者拘役，并处或者单处罚金

19. 网络服务提供者不履行法律、行政法规规定的信息网络安全管理义务，经监管部门责令采取改正措施而拒不改正，致使违法信息大量传播的，处（　　）。

A. 3 年以下有期徒刑，并处或者单处罚金

B. 3 年以下有期徒刑或者拘役，并处罚金

C. 3 年以下有期徒刑、拘役或者管制，并处罚金

D. 3 年以下有期徒刑、拘役或者管制，并处或者单处罚金

20. 利用信息网络发布有关制作或者销售毒品、枪支、淫秽物品等违禁物品、管制物品或者其他违法犯罪信息，情节严重的，处（　　）。

A. 3 年以下有期徒刑，并处或者单处罚金

B. 3 年以下有期徒刑或者拘役，并处或者单处罚金

C. 3 年以下有期徒刑、拘役或者管制，并处罚金

D. 3 年以下有期徒刑、拘役或者管制，并处或者单处罚金

（三）多项选择题

1. 中华人民共和国刑法的任务，是用刑罚同一切犯罪行为作斗争，以保卫国家安全，保卫人民民主专政的政权和社会主义制度，（　　）保障社会主义建设事业的顺利进行。

A. 保护国有财产和劳动群众集体所有的财产

B. 维护社会秩序、经济秩序

C. 保护公民私人所有的财产

D. 保护公民的人身权利、民主权利和其他权利

2. 一切（　　）的行为，依照法律应当受刑罚处罚的，都是犯罪，但是情节显著轻微危害不大的，不认为是犯罪。

A. 危害国家主权、领土完整和安全

B. 分裂国家、颠覆人民民主专政的政权和推翻社会主义制度

C. 破坏社会秩序和经济秩序

D. 侵犯国有财产或者劳动群众集体所有的财产

3. （　　），因而犯罪的，是故意犯罪。故意犯罪，应当负刑事责任。

A. 明知自己的行为会发生危害社会的结果，并希望这种结果发生

B. 已经预见自己的行为可能发生危害社会的结果，但轻信能够避免

C. 明知自己的行为会发生危害社会的结果，并放任这种结果发生

D. 应当预见自己的行为可能发生危害社会的结果，但因疏忽大意而没有预见

4. 为了犯罪，（　　）的，是犯罪预备。

A. 萌生犯意　　B. 准备工具

C. 制造条件　　D. 着手实行

5. （　　）的，是主犯。

A. 组织犯罪集团进行犯罪活动

B. 领导犯罪集团进行犯罪活动

C. 积极参与犯罪集团的犯罪活动

D. 在共同犯罪中起主要作用

6. 对于犯罪的外国人，可以（　　）驱逐出境。

A. 独立适用　　B. 附加适用

C. 法律另有规定时适用　　D. 不得适用

7. 被判处管制的犯罪分子，管制期满，执行机关应即向（　　）宣布解除管制。

A. 本人　　B. 受害人或受害人家属

C. 其所在单位或者居住地群众　　D. 其近亲属

8. 判处死刑缓期执行的，在死刑缓期执行期间，（　　）。

A. 如果没有故意犯罪，二年期满以后，减为无期徒刑

B. 如果确有重大立功表现，二年期满以后，减为 25 年有期徒刑

C. 如果确有重大立功表现，二年期满以后，减为 20 年有期徒刑

D. 如果故意犯罪，情节恶劣的，报请最高人民法院核准后执行死刑

9. 剥夺政治权利是剥夺（　　）。

A. 选举权和被选举权

B. 言论、出版、集会、结社、游行、示威自由的权利

C. 担任国家机关职务的权利

D. 担任国有公司、企业、事业单位和人民团体领导职务的权利

10. 危害（　　）的犯罪分子，在刑罚执行完毕或者赦免以后，在任何时候再犯上述任一类罪的，都以累犯论处。

A. 国家安全犯罪　　B. 毒品类犯罪

C. 恐怖活动犯罪　　D. 黑社会性质的组织犯罪

11. 对于被判处拘役、3 年以下有期徒刑的犯罪分子，同时符合（　　）的，可以宣告缓刑。

A. 犯罪情节较轻

B. 有悔罪表现

C. 没有再犯罪的危险

D. 宣告缓刑对所居住社区没有重大不良影响。

12. 在（　　）以后，逃避侦查或者审判的，不受追诉期限的限制。

A. 人民检察院受理案件　　B. 人民法院受理案件

C. 公安机关立案侦查　　D. 国家安全机关立案侦查

13. 为掩饰、隐瞒毒品犯罪、黑社会性质的组织犯罪、恐怖活动犯罪、走私犯罪、贪污贿赂犯罪、破坏金融管理秩序犯罪、金融诈骗犯罪的所得及其产生的收益的来源和性质，（　　），没收实施以上犯罪的所得及其产生的收益，处 5 年以下有期徒刑或者拘役，并处或者单处罚金；情节严重的，处 5 年以上 10 年以下有期徒刑，并处罚金。

A. 提供资金帐户的

B. 将财产转换为现金、金融票据、有价证券的

C. 通过转帐或者其他支付结算方式转移资金的

D. 跨境转移资产的

14. 下列对违反国家规定，擅自设置、使用无线电台（站），或者擅自使用无线电频率，干扰无线电通讯秩序的行为的处罚说法正确的是：（　　）

A. 情节严重的，处 3 年以下有期徒刑、拘役或者管制，并处或者单处罚金

B. 情节严重的，处 3 年以下有期徒刑、拘役或者管制，并处罚金

C. 情节特别严重的，处 3 年以上 7 年以下有期徒刑，并处罚金

D. 情节特别严重的，处 3 年以上 7 年以下有期徒刑，并处或者单处罚金

15. 明知是犯罪所得及其产生的收益而予以（　　）或者以其他方法掩饰、隐瞒的，处 3 年以下有期徒刑、拘役或者管制，并处或者单处罚金；情节严重的，处 3 年以上 7 年以下有期徒刑，并处罚金。

A. 窝藏　　B. 转移

C. 收购　　D. 代为销售

16. 下列行为可以构成妨害信用卡管理罪的是：（　　）

A. 明知是伪造的信用卡而持有、运输的，或者明知是伪造的空白信用卡而持有、运输，数量较大的

B. 非法持有他人信用卡，数量较大的

C. 使用虚假的身份证明骗领信用卡的

D. 出售、购买、为他人提供伪造的信用卡或者以虚假的身份证明骗领的信用卡的

17. 明知他人利用信息网络实施犯罪，为其犯罪提供（　　）等技术支持，或者提供广告推广、支付结算等帮助，情节严重的，处3年以下有期徒刑或者拘役，并处或者单处罚金。

A. 互联网接入　　B. 服务器托管

C. 网络存储　　D. 通讯传输

（四）填空题

1. 正当防卫____的，应当负刑事责任，但是应当减轻或者免除处罚。
2. 紧急避险____的，应当负刑事责任，但是应当减轻或者免除处罚。
3. 单位犯罪的，对单位判处____，并对其直接负责的主管人员和其他直接责任人员判处刑罚。
4. 附加刑的种类包括：____、____、____。
5. 对于犯罪情节轻微不需要判处刑罚的，可以免予刑事处罚，但是可以根据案件的不同情况，予以训诫或者责令____、____、赔偿损失，或者由主管部门予以行政处罚或者行政处分。
6. 判处罚金，应当根据____决定罚金数额。
7. 没收犯罪分子全部财产的，应当对____及其____保留必需的生活费用。
8. 犯罪分子违法所得的一切财物，应当予以____或者责令____；对被害人的合法财产，应当及时____；违禁品和供犯罪所用的本人财物，应当予以____。没收的财物和罚金，一律上缴国库，不得挪用和自行处理。
9. 在追诉期限以内又犯罪的，前罪追诉的期限从____计算。
10. 《刑法》所称司法工作人员，是指有____、____、____、____职责的工作人员。
11. 恶意透支，是指持卡人以____为目的，超过规定____或者规定期限透支，并且经发卡银行催收后____的行为。

12. 违反国家有关规定，将在____或者提供服务过程中获得的公民个人信息，____给他人的，依照《刑法》第 253 条之一第 1 款的规定____处罚。

13. 诈骗公私财物，____的，处 3 年以下有期徒刑、拘役或者管制，____罚金；____或者有其他严重情节的，处 3 年以上 10 年以下有期徒刑，并处罚金；____或者有其他特别严重情节的，处 10 年以上有期徒刑或者无期徒刑，并处罚金或者没收财产。《刑法》另有规定的，依照规定。

14. 冒充____招摇撞骗的，处 3 年以下有期徒刑、拘役、管制或者____；情节严重的，处 3 年以上 10 年以下有期徒刑。冒充____招摇撞骗的，依照前款的规定____处罚。

（五）简答题

1. 简述特殊人员的刑事责任能力。
2. 简述被管制罪犯在执行期间应当遵守的规定。
3. 简述追诉时效期限的延长。

参考答案

（一）判断题

1. √，解析：根据《刑法》第 4 条规定。
2. ×，解析：根据《刑法》第 15 条规定，应当预见自己的行为可能发生危害社会的结果，因为疏忽大意而没有预见，或者已经预见而轻信能够避免，以致发生这种结果的，是过失犯罪。过失犯罪，法律有规定的才负刑事责任。

3. √，解析：根据《刑法》第 23 条规定。
4. ×，解析：根据《刑法》第 29 条规定，教唆他人犯罪的，应当按照他在共同犯罪中所起的作用处罚。教唆不满 18 周岁的人犯罪的，应当从重处罚。如果被教唆的人没有犯被教唆的罪，对于教唆犯，可以从轻或者减轻处罚。
5. ×，解析：根据《刑法》第 43 条规定，被判处拘役的犯罪分子，由公安机关就近执行。在执行期间，被判处拘役的犯罪分子每月可以回家 1 天至 2 天；参加劳动的，可以酌量发给报酬。
6. ×，解析：根据《刑法》第 55 条规定，剥夺政治权利的期限，除本法第 57 条规定外，为 1 年以上 5 年以下。判处管制附加剥夺政治权利的，剥夺政治权利的期限与管制的期限相等，同时执行。
7. √，解析：根据《刑法》第 91 条规定。
8. √，解析：根据《刑法》第 192 条规定。
9. √，解析：根据《刑法》第 253 条之一规定。
10. ×，解析：根据《刑法》第 286 条之一规定，网络服务提供者不履行法律、行政法规规定的信息网络安全管理义务，经监管部门责令采取改正措施而拒不改正，有下列情形之一的，处 3 年以下有期徒刑、拘役或者管制，并处或者单处罚金：（1）致使违法信息大量传播的；（2）致使用户信息泄露，造成严重后果的；（3）致使刑事案件证据灭失，情节严重的；（4）有其他严重情节的。单位犯前款罪的，对单位判处罚金，并对其直接负责的主管人员和其他直接责任人员，依照前款的规定处罚。有前两款行为，同时构成其他犯罪的，依照处罚较重的规定定罪处罚。

（二）单项选择题

1. A，解析：根据《刑法》第 8 条规定，外国人在中华人民共和国领域外对中华人民共和国国家或者公民犯罪，而按本法规定的最低刑为 3 年以上有期徒刑的，可以适用本法，但是按照犯罪地的法律不受处罚的除外。

2. B，解析：根据《刑法》第11条规定，享有外交特权和豁免权的外国人的刑事责任，通过外交途径解决。

3. D，解析：根据《刑法》第14条规定，明知自己的行为会发生危害社会的结果，并且希望或者放任这种结果发生，因而构成犯罪的，是故意犯罪。故意犯罪，应当负刑事责任。

4. C，解析：根据《刑法》第17条第2款规定，已满14周岁不满16周岁的人，犯故意杀人、故意伤害致人重伤或者死亡、强奸、抢劫、贩卖毒品、放火、爆炸、投放危险物质罪的，应当负刑事责任。

5. C，解析：根据《刑法》第18条规定，精神病人在不能辨认或者不能控制自己行为的时候造成危害结果，经法定程序鉴定确认的，不负刑事责任，但是应当责令他的家属或者监护人严加看管和医疗；在必要的时候，由政府强制医疗。间歇性的精神病人在精神正常的时候犯罪，应当负刑事责任。尚未完全丧失辨认或者控制自己行为能力的精神病人犯罪的，应当负刑事责任，但是可以从轻或者减轻处罚。醉酒的人犯罪，应当负刑事责任。

6. A，解析：根据《刑法》第20条规定，为了使国家、公共利益、本人或者他人的人身、财产和其他权利免受正在进行的不法侵害，而采取的制止不法侵害的行为，对不法侵害人造成损害的，属于正当防卫，不负刑事责任。正当防卫明显超过必要限度造成重大损害的，应当负刑事责任，但是应当减轻或者免除处罚。对正在进行行凶、杀人、抢劫、强奸、绑架以及其他严重危及人身安全的暴力犯罪，采取防卫行为，造成不法侵害人伤亡的，不属于防卫过当，不负刑事责任。

7. A，解析：根据《刑法》第28条规定，对于被胁迫参加犯罪的，应当按照他的犯罪情节减轻处罚或者免除处罚。

8. C，解析：根据《刑法》第34条规定，附加刑的种类如下：（1）罚金；（2）剥夺政治权利；（3）没收财产。附加刑也可以独立适用。

9. D，解析：根据《刑法》第 37 条之一规定，因利用职业便利实施犯罪，或者实施违背职业要求的特定义务的犯罪被判处刑罚的，人民法院可以根据犯罪情况和预防再犯罪的需要，禁止其自刑罚执行完毕之日或者假释之日起从事相关职业，期限为 3 年至 5 年。被禁止从事相关职业的人违反人民法院依照前款规定作出的决定的，由公安机关依法给予处罚；情节严重的，依照本法第 313 条的规定定罪处罚。其他法律、行政法规对其从事相关职业另有禁止或者限制性规定的，从其规定。

10. D，解析：根据《刑法》第 42 条规定，拘役的期限，为 1 个月以上 6 个月以下。

11. C，解析：根据《刑法》第 50 条规定，判处死刑缓期执行的，在死刑缓期执行期间，如果没有故意犯罪，二年期满以后，减为无期徒刑；如果确有重大立功表现，二年期满以后，减为 25 年有期徒刑；如果故意犯罪，情节恶劣的，报请最高人民法院核准后执行死刑；对于故意犯罪未执行死刑的，死刑缓期执行的期间重新计算，并报最高人民法院备案。对被判处死刑缓期执行的累犯以及因故意杀人、强奸、抢劫、绑架、放火、爆炸、投放危险物质或者有组织的暴力性犯罪被判处死刑缓期执行的犯罪分子，人民法院根据犯罪情节等情况可以同时决定对其限制减刑。

12. C，解析：根据《刑法》第 53 条规定，罚金在判决指定的期限内一次或者分期缴纳。期满不缴纳的，强制缴纳。对于不能全部缴纳罚金的，人民法院在任何时候发现被执行人有可以执行的财产，应当随时追缴。由于遭遇不能抗拒的灾祸等原因缴纳确实有困难的，经人民法院裁定，可以延期缴纳、酌情减少或者免除。

13. A，解析：根据《刑法》第 63 条规定，犯罪分子具有本法规定的减轻处罚情节的，应当在法定刑以下判处刑罚；本法规定有数个量刑幅度的，应当在法定量刑幅度的下一个量刑幅度内判处刑罚。犯罪分子虽然不具有本法规定的减轻处罚情节，但是根据案件的特殊情况，经最高人民法院核准，也可以在法定刑以下判处刑罚。

14. C，解析：根据《刑法》第 65 条规定，被判处有期徒刑以上刑罚的犯罪分子，刑罚执行完毕或者赦免以后，在 5 年以内再犯应当判处有期徒刑以上刑罚之罪的，是累犯，应当从重处罚，但是过失犯罪和不满 18 周岁的人犯罪的除外。前款规定的期限，对于被假释的犯罪分子，从假释期满之日起计算。

15. D，解析：根据《刑法》第 79 条规定，对于犯罪分子的减刑，由执行机关向中级以上人民法院提出减刑建议书。人民法院应当组成合议庭进行审理，对确有悔改或者立功事实的，裁定予以减刑。非经法定程序不得减刑。

16. A，解析：根据《刑法》第 83 条规定，有期徒刑的假释考验期限，为没有执行完毕的刑期；无期徒刑的假释考验期限为 10 年。假释考验期限，从假释之日起计算。

17. C，解析：根据《刑法》第 196 条第 1 款规定，有下列情形之一，进行信用卡诈骗活动，数额较大的，处 5 年以下有期徒刑或者拘役，并处 2 万元以上 20 万元以下罚金；数额巨大或者有其他严重情节的，处 5 年以上 10 年以下有期徒刑，并处 5 万元以上 50 万元以下罚金；数额特别巨大或者有其他特别严重情节的，处 10 年以上有期徒刑或者无期徒刑，并处 5 万元以上 50 万元以下罚金或者没收财产：（1）使用伪造的信用卡，或者使用以虚假的身份证明骗领的信用卡的；（2）使用作废的信用卡的；（3）冒用他人信用卡的；（4）恶意透支的。

18. D，解析：根据《刑法》第 253 条之一第 1 款规定，违反国家有关规定，向他人出售或者提供公民个人信息，情节严重的，处 3 年以下有期徒刑或者拘役，并处或者单处罚金；情节特别严重的，处 3

年以上 7 年以下有期徒刑，并处罚金。

19. D，解析：根据《刑法》第 286 条之一规定，网络服务提供者不履行法律、行政法规规定的信息网络安全管理义务，经监管部门责令采取改正措施而拒不改正，有下列情形之一的，处 3 年以下有期徒刑、拘役或者管制，并处或者单处罚金：（1）致使违法信息大量传播的；（2）致使用户信息泄露，造成严重后果的；（3）致使刑事案件证据灭失，情节严重的；（4）有其他严重情节的。单位犯前款罪的，对单位判处罚金，并对其直接负责的主管人员和其他直接责任人员，依照前款的规定处罚。有前两款行为，同时构成其他犯罪的，依照处罚较重的规定定罪处罚。

20. B，解析：根据《刑法》第 287 条之一规定，利用信息网络实施下列行为之一，情节严重的，处 3 年以下有期徒刑或者拘役，并处或者单处罚金：（1）设立用于实施诈骗、传授犯罪方法、制作或者销售违禁物品、管制物品等违法犯罪活动的网站、通讯群组的；（2）发布有关制作或者销售毒品、枪支、淫秽物品等违禁物品、管制物品或者其他违法犯罪信息的；（3）为实施诈骗等违法犯罪活动发布信息的。单位犯前款罪的，对单位判处罚金，并对其直接负责的主管人员和其他直接责任人员，依照第 1 款的规定处罚。有前两款行为，同时构成其他犯罪的，依照处罚较重的规定定罪处罚。

（三）多项选择题

1. ABCD，解析：根据《刑法》第 2 条规定，中华人民共和国刑法的任务，是用刑罚同一切犯罪行为作斗争，以保卫国家安全，保卫人民民主专政的政权和社会主义制度，保护国有财产和劳动群众集体所有的财产，保护公民私人所有的财产，保护公民的人身权利、民主权利和其他权利，维护社会秩序、经济秩序，保障社会主义建设事业的顺利进行。

2. ABCD，解析：根据《刑法》第 13 条规定，一切危害国家主权、领土完整和安全，分裂国家、颠覆人民民主专政的政权和推翻社会主义制度，破坏社会秩序和经济秩序，侵犯国有财产或者劳动群众集体所有的财产，侵犯公民私人所有的财产，侵犯公民的人身权利、民主权利和其他权利，以及其他危害社会的行为，依照法律应当受刑罚处罚的，都是犯罪，但是情节显著轻微危害不大的，不认为是犯罪。

3. AC，解析：根据《刑法》第 14 条规定，明知自己的行为会发生危害社会的结果，并且希望或者放任这种结果发生，因而构成犯罪的，是故意犯罪。故意犯罪，应当负刑事责任。
4. BC，解析：根据《刑法》第 22 条规定，为了犯罪，准备工具、制造条件的，是犯罪预备。对于预备犯，可以比照既遂犯从轻、减轻处罚或者免除处罚。
5. ABD，解析：根据《刑法》第 26 条规定，组织、领导犯罪集团进行犯罪活动的或者在共同犯罪中起主要作用的，是主犯。3 人以上为共同实施犯罪而组成的较为固定的犯罪组织，是犯罪集团。对组织、领导犯罪集团的首要分子，按照集团所犯的全部罪行处罚。对于第 3 款规定以外的主犯，应当按照其所参与的或者组织、指挥的全部犯罪处罚。
6. AB，解析：根据《刑法》第 35 条规定，对于犯罪的外国人，可以独立适用或者附加适用驱逐出境。
7. AC，解析：根据《刑法》第 40 条规定，被判处管制的犯罪分子，管制期满，执行机关应即向本人和其所在单位或者居住地的群众宣布解除管制。
8. ABD，解析：根据《刑法》第 50 条规定，判处死刑缓期执行的，在死刑缓期执行期间，如果没有故意犯罪，二年期满以后，减为无期徒刑；如果确有重大立功表现，二年期满以后，减为 25 年有期徒刑；如果故意犯罪，情节恶劣的，报请最高人民法院核准后执行死刑；对于故意犯罪未执行死刑的，死刑缓期执行的期间重新计算，并报最高人民法院备案。对被判处死刑缓期执行的累犯以及因故意杀人、强奸、抢劫、绑架、放火、爆炸、投放危险物质或者有组织的暴力性犯罪被判处死刑缓期执行的犯罪分子，人民法院根据犯罪情节等情况可以同时决定对其限制减刑。

9. ABCD，解析：根据《刑法》第 54 条规定，剥夺政治权利是剥夺下列权利：（1）选举权和被选举权；（2）言论、出版、集会、结社、游行、示威自由的权利；（3）担任国家机关职务的权利；（4）担任国有公司、企业、事业单位和人民团体领导职务的权利。

10. ACD，解析：根据《刑法》第 66 条规定，危害国家安全犯罪、恐怖活动犯罪、黑社会性质的组织犯罪的犯罪分子，在刑罚执行完毕或者赦免以后，在任何时候再犯上述任一类罪的，都以累犯论处。

11. ABCD，解析：根据《刑法》第 72 条规定，对于被判处拘役、3 年以下有期徒刑的犯罪分子，同时符合下列条件的，可以宣告缓刑，对其中不满 18 周岁的人、怀孕的妇女和已满 75 周岁的人，应当宣告缓刑：（1）犯罪情节较轻；（2）有悔罪表现；（3）没有再犯罪的危险；（4）宣告缓刑对所居住社区没有重大不良影响。宣告缓刑，可以根据犯罪情况，同时禁止犯罪分子在缓刑考验期限内从事特定活动，进入特定区域、场所，接触特定的人。被宣告缓刑的犯罪分子，如果被判处附加刑，附加刑仍须执行。

12. BCD，解析：根据《刑法》第 88 条规定，在人民检察院、公安机关、国家安全机关立案侦查或者在人民法院受理案件以后，逃避侦查或者审判的，不受追诉期限的限制。被害人在追诉期限内提出控告，人民法院、人民检察院、公安机关应当立案而不予立案的，不受追诉期限的限制。

13. ABCD，解析：根据《刑法》第 191 条第 1 款规定，为掩饰、隐瞒毒品犯罪、黑社会性质的组织犯罪、恐怖活动犯罪、走私犯罪、贪污贿赂犯罪、破坏金融管理秩序犯罪、金融诈骗犯罪的所得及其产生的收益的来源和性质，有下列行为之一的，没收实施以上犯罪的所得及其产生的收益，处5年以下有期徒刑或者拘役，并处或者单处罚金；情节严重的，处5年以上10年以下有期徒刑，并处罚金：(1) 提供资金帐户的；(2) 将财产转换为现金、金融票据、有价证券的；(3) 通过转帐或者其他支付结算方式转移资金的；(4) 跨境转移资产的；(5) 以其他方法掩饰、隐瞒犯罪所得及其收益的来源和性质的。

14. AC，解析：根据《刑法》第288条规定，违反国家规定，擅自设置、使用无线电台（站），或者擅自使用无线电频率，干扰无线电通讯秩序，情节严重的，处3年以下有期徒刑、拘役或者管制，并处或者单处罚金；情节特别严重的，处3年以上7年以下有期徒刑，并处罚金。单位犯前款罪的，对单位判处罚金，并对其直接负责的主管人员和其他直接责任人员，依照前款的规定处罚。

15. ABCD，解析：根据《刑法》第312条规定，明知是犯罪所得及其产生的收益而予以窝藏、转移、收购、代为销售或者以其他方法掩饰、隐瞒的，处3年以下有期徒刑、拘役或者管制，并处或者单处罚金；情节严重的，处3年以上7年以下有期徒刑，并处罚金。单位犯前款罪的，对单位判处罚金，并对其直接负责的主管人员和其他直接责任人员，依照前款的规定处罚。

16. ABCD，解析：根据《刑法》第177条之一第1款规定，有下列情形之一，妨害信用卡管理的，处3年以下有期徒刑或者拘役，并处或者单处1万元以上10万元以下罚金；数量巨大或者有其他严重情节的，处3年以上10年以下有期徒刑，并处2万元以上20万元以下罚金：(1) 明知是伪造的信用卡而持有、运输的，或者明知是伪造的空白信用卡而持有、运输，数量较大的；(2) 非法持有他人信用卡，数量较大的；(3) 使用虚假的身份证明骗领信用卡的；

（4）出售、购买、为他人提供伪造的信用卡或者以虚假的身份证明骗领的信用卡的。

17. ABCD，解析：根据《刑法》第 287 条之二规定，明知他人利用信息网络实施犯罪，为其犯罪提供互联网接入、服务器托管、网络存储、通讯传输等技术支持，或者提供广告推广、支付结算等帮助，情节严重的，处 3 年以下有期徒刑或者拘役，并处或者单处罚金。单位犯前款罪的，对单位判处罚金，并对其直接负责的主管人员和其他直接责任人员，依照第 1 款的规定处罚。有前两款行为，同时构成其他犯罪的，依照处罚较重的规定定罪处罚。

（四）填空题

1. 明显超过必要限度造成重大损害。（《刑法》第 20 条）
2. 超过必要限度造成不应有的损害。（《刑法》第 21 条）
3. 罚金。（《刑法》第 31 条）
4. 罚金；剥夺政治权利；没收财产。（《刑法》第 34 条）
5. 具结悔过；赔礼道歉。（《刑法》第 37 条）
6. 犯罪情节。（《刑法》第 52 条）
7. 犯罪分子个人；扶养的家属。（《刑法》第 59 条）
8. 追缴；退赔；返还；没收。（《刑法》第 64 条）
9. 犯后罪之日起。（《刑法》第 89 条）
10. 侦查；检查；审判；监管。（《刑法》第 94 条）
11. 非法占有；限额；仍不归还。（《刑法》第 196 条）
12. 履行职责；出售或者提供；从重。（《刑法》第 253 条之一）
13. 数额较大；并处或者单处；数额巨大；数额特别巨大。（《刑法》第 266 条）
14. 国家机关工作人员；剥夺政治权利；人民警察；从重。（《刑法》第 279 条）

（五）简答题

1. 答：根据《刑法》第18条规定，精神病人在不能辨认或者不能控制自己行为的时候造成危害结果，经法定程序鉴定确认的，不负刑事责任，但是应当责令他的家属或者监护人严加看管和医疗；在必要的时候，由政府强制医疗。间歇性的精神病人在精神正常的时候犯罪，应当负刑事责任。尚未完全丧失辨认或者控制自己行为能力的精神病人犯罪的，应当负刑事责任，但是可以从轻或者减轻处罚。醉酒的人犯罪，应当负刑事责任。
2. 答：根据《刑法》第39条规定，被判处管制的犯罪分子，在执行期间，应当遵守下列规定：（1）遵守法律、行政法规，服从监督；（2）未经执行机关批准，不得行使言论、出版、集会、结社、游行、示威自由的权利；（3）按照执行机关规定报告自己的活动情况；（4）遵守执行机关关于会客的规定；（5）离开所居住的市、县或者迁居，应当报经执行机关批准。对于被判处管制的犯罪分子，在劳动中应当同工同酬。
3. 答：根据《刑法》第88条规定，在人民检察院、公安机关、国家安全机关立案侦查或者在人民法院受理案件以后，逃避侦查或者审判的，不受追诉期限的限制。被害人在追诉期限内提出控告，人民法院、人民检察院、公安机关应当立案而不予立案的，不受追诉期限的限制。

十二、最高人民法院、最高人民检察院、公安部关于办理电信网络诈骗等刑事案件适用法律若干问题的意见

（一）判断题

1. 根据《最高人民法院、最高人民检察院关于办理诈骗刑事案件具体应用法律若干问题的解释》第一条的规定，利用电信网络技术手段实施诈骗，诈骗公私财物价值 3000 元以上、3 万元以上、50 万元以上的，应当分别认定为《刑法》第 266 条规定的“数额较大”“数额巨大”“数额特别巨大”。（　　）
2. 对实施电信网络诈骗犯罪的被告人裁量刑罚，在确定量刑起点、基准刑时，一般应就低选择。确定宣告刑时，应当综合全案事实情节，准确把握从重、从轻量刑情节的调节幅度，保证罪责刑相适应。（　　）
3. 在实施电信网络诈骗活动中，非法使用“伪基站”“黑广播”，干扰无线电通讯秩序，符合《刑法》第 288 条规定的，以扰乱无线电通讯管理秩序罪追究刑事责任。同时构成诈骗罪的，依照处罚较重的规定定罪处罚。（　　）
4. 违反国家有关规定，向他人出售或者提供公民个人信息，窃取或者以其他方法非法获取公民个人信息，符合《刑法》第 253 条之一规定的，以侵犯公民个人信息罪追究刑事责任。使用非法获取的公民个人信息，实施电信网络诈骗犯罪行为，构成数罪的，依

照处罚较重的规定定罪处罚。(　　)

5. 多人共同实施电信网络诈骗，犯罪嫌疑人、被告人应对其参与期间该诈骗团伙实施的全部诈骗行为承担责任。在其所参与的犯罪环节中起主要作用的，可以认定为主犯。(　　)

6. 电信网络诈骗犯罪案件一般由犯罪地公安机关立案侦查，如果由犯罪嫌疑人居住地公安机关立案侦查更为适宜的，可以由犯罪嫌疑人居住地公安机关立案侦查。(　　)

(二) 单项选择题

1. 实施电信网络诈骗犯罪，达到相应数额标准，曾因电信网络诈骗犯罪受过刑事处罚或者（　　）年内曾因电信网络诈骗受过行政处罚的，酌情从重处罚。

A. 1　　B. 2

C. 3　　D. 5

2. 实施电信网络诈骗犯罪，犯罪嫌疑人、被告人实际骗得财物的，以诈骗罪（既遂）定罪处罚。诈骗数额难以查证，但发送诈骗信息（　　）条以上的，应当认定为《刑法》第266条规定的“其他严重情节”，以诈骗罪（未遂）定罪处罚。

A. 1000　　B. 2000

C. 3000　　D. 5000

3. （　　）以上为实施电信网络诈骗犯罪而组成的较为固定的犯罪组织，应依法认定为诈骗犯罪集团。

A. 2人　　B. 3人

C. 4人　　D. 5人

4. 被告人已将诈骗财物用于清偿债务或者转让给他人，(　　)，不予追缴。

A. 对方明知是诈骗财物而收取的

B. 对方无偿取得诈骗财物的

C. 他人善意取得诈骗财物的

D. 对方以明显低于市场的价格取得诈骗财物的

(三) 多项选择题

1. 实施电信网络诈骗犯罪，达到相应数额标准，酌情从重处罚的情形有：(　　)

A. 造成被害人或其近亲属自杀、死亡或者精神失常等严重后果的

B. 冒充司法机关等国家机关工作人员实施诈骗的

C. 组织、指挥电信网络诈骗犯罪团伙的

D. 在境外实施电信网络诈骗的

2. 明知是电信网络诈骗犯罪所得及其产生的收益，(　　)，依照《刑法》第 312 条第 1 款的规定，以掩饰、隐瞒犯罪所得、犯罪所得收益罪追究刑事责任。

A. 通过使用销售点终端机具（POS 机）刷卡套现等非法途径，协助转换或者转移财物的

B. 帮助他人将巨额现金散存于多个银行账户，或在不同银行账户之间频繁划转的

C. 为他人提供非本人身份证明开设的信用卡、资金支付结算账户后，又帮助他人转账、套现、取现的

D. 以明显异于市场的价格，通过手机充值、交易游戏点卡等方式套现的

3. 明知他人实施电信网络诈骗犯罪，具有下列哪些情形的，以共同犯罪论处，但法律和司法解释另有规定的除外？(　　)

A. 提供信用卡、资金支付结算账户、手机卡、通讯工具的

B. 非法获取、出售、提供公民个人信息的

C. 制作、销售、提供“木马”程序和“钓鱼软件”等恶意程序的

D. 提供“伪基站”设备或相关服务的

4. 负责招募他人实施电信网络诈骗犯罪活动，或者制作、提供诈骗（　　）等的，以诈骗共同犯罪论处。

A. 方案　　　　B. 术语清单

C. 语音包　　　　D. 信息

5. 办理电信网络诈骗案件，确因被害人人数众多等客观条件的限制，无法逐一收集被害人陈述的，可以结合已收集的被害人陈述，以及经查证属实的（　　）等证据，综合认定被害人人数及诈骗资金数额等犯罪事实。

A. 银行账户交易记录

B. 第三方支付结算账户交易记录

C. 通话记录

D. 电子数据

（四）填空题

1. ____内多次实施电信网络诈骗未经处理，诈骗数额____构成犯罪的，应当依法定罪处罚。

2. 因犯罪嫌疑人、被告人故意____证据等原因，致拨打电话次数、发送信息条数的证据____的，可以根据经查证属实的日拨打人次数、日发送信息条数，结合犯罪嫌疑人、被告人实施犯罪的____、犯罪嫌疑人、被告人的____等相关证据，综合予以认定。

3. 对实施电信网络诈骗犯罪的被告人，应当更加注重依法适用____，加大____的惩罚力度，最大限度剥夺被告人____的能力。

4. 多个公安机关都有权立案侦查的电信网络诈骗等犯罪案件，由____的公安机关或者主要犯罪地公安机关立案侦查。有争议的，按照有利于____、有利于____的原则，协商解决。经协商无法达成一致的，由____公安机关指定有关公安机关立案侦查。

（五）简答题

简述实施电信网络诈骗犯罪，达到相应数额标准，酌情从重处罚的情形。

参考答案

（一）判断题

1. √，解析：根据《最高人民法院、最高人民检察院、公安部关于办理电信网络诈骗等刑事案件适用法律若干问题的意见》（以下简称《电信网络诈骗意见》）第2条规定。
2. ×，解析：根据《电信网络诈骗意见》第2条第6款规定，对实施电信网络诈骗犯罪的被告人裁量刑罚，在确定量刑起点、基准刑时，一般应就高选择。确定宣告刑时，应当综合全案事实情节，准确把握从重、从轻量刑情节的调节幅度，保证罪责刑相适应。
3. √，解析：根据《电信网络诈骗意见》第3条规定。
4. ×，解析：根据《电信网络诈骗意见》第3条第2款规定，违反国家有关规定，向他人出售或者提供公民个人信息，窃取或者以其他方法非法获取公民个人信息，符合《刑法》第253条之一规定的，以侵犯公民个人信息罪追究刑事责任。使用非法获取的公民个人信息，实施电信网络诈骗犯罪行为，构成数罪的，应当依法予以并罚。
5. √，解析：根据《电信网络诈骗意见》第4条规定。
6. √，解析：根据《电信网络诈骗意见》第5条规定。

（二）单项选择题

1. B，根据《电信网络诈骗意见》第 2 条第 2 款规定，实施电信网络诈骗犯罪，达到相应数额标准，具有下列情形之一的，酌情从重处罚：（1）造成被害人或其近亲属自杀、死亡或者精神失常等严重后果的；（2）冒充司法机关等国家机关工作人员实施诈骗的；（3）组织、指挥电信网络诈骗犯罪团伙的；（4）在境外实施电信网络诈骗的；（5）曾因电信网络诈骗犯罪受过刑事处罚或者 2 年内曾因电信网络诈骗受过行政处罚的；（6）诈骗残疾人、老年人、未成年人、在校学生、丧失劳动能力人的财物，或者诈骗重病患者及其亲属财物的；（7）诈骗救灾、抢险、防汛、优抚、扶贫、移民、救济、医疗等款物的；（8）以赈灾、募捐等社会公益、慈善名义实施诈骗的；（9）利用电话追呼系统等技术手段严重干扰公安机关等部门工作的；（10）利用“钓鱼网站”链接、“木马”程序链接、网络渗透等隐蔽技术手段实施诈骗的。
2. D，根据《电信网络诈骗意见》第 2 条第 4 款规定，实施电信网络诈骗犯罪，犯罪嫌疑人、被告人实际骗得财物的，以诈骗罪（既遂）定罪处罚。诈骗数额难以查证，但具有下列情形之一的，应当认定为《刑法》第 266 条规定的“其他严重情节”，以诈骗罪（未遂）定罪处罚：（1）发送诈骗信息 5000 条以上的，或者拨打诈骗电话 500 人次以上的；（2）在互联网上发布诈骗信息，页面浏览量累计 5000 次以上的。
3. B，解析：根据《电信网络诈骗意见》第 4 条第 1 款规定，3 人以上为实施电信网络诈骗犯罪而组成的较为固定的犯罪组织，应依法认定为诈骗犯罪集团。对组织、领导犯罪集团的首要分子，按照集团所犯的全部罪行处罚。对犯罪集团中组织、指挥、策划者和骨干分子依法从严惩处。
4. C，解析：根据《电信网络诈骗意见》第 7 条第 3 款规定，被告人已将诈骗财物用于清偿债务或者转让给他人，具有下列情形之一的，应当依法追缴：（1）对方明知是诈骗财物而收取的；（2）对方无偿取得诈骗财物的；（3）对方以明显低于市场的价格取得诈骗财物的；（4）对方取得诈骗财物系源于非法债务或者违法犯罪活动的。他人善意取得诈骗财物的，不予追缴。

（三）多项选择题

1. ABCD，根据《电信网络诈骗意见》第2条第2款规定，实施电信网络诈骗犯罪，达到相应数额标准，具有下列情形之一的，酌情从重处罚：（1）造成被害人或其近亲属自杀、死亡或者精神失常等严重后果的；（2）冒充司法机关等国家机关工作人员实施诈骗的；（3）组织、指挥电信网络诈骗犯罪团伙的；（4）在境外实施电信网络诈骗的；（5）曾因电信网络诈骗犯罪受过刑事处罚或者2年内曾因电信网络诈骗受过行政处罚的；（6）诈骗残疾人、老年人、未成年人、在校学生、丧失劳动能力人的财物，或者诈骗重病患者及其亲属财物的；（7）诈骗救灾、抢险、防汛、优抚、扶贫、移民、救济、医疗等款物的；（8）以赈灾、募捐等社会公益、慈善名义实施诈骗的；（9）利用电话追呼系统等技术手段严重干扰公安机关等部门工作的；（10）利用“钓鱼网站”链接、“木马”程序链接、网络渗透等隐蔽技术手段实施诈骗的。
2. ABCD，解析：根据《电信网络诈骗意见》第3条第5款规定，明知是电信网络诈骗犯罪所得及其产生的收益，以下列方式之一予以转账、套现、取现的，依照《刑法》第312条第1款的规定，以掩饰、隐瞒犯罪所得、犯罪所得收益罪追究刑事责任。但有证据证明确实不知道的除外：（1）通过使用销售点终端机具（POS机）刷卡套现等非法途径，协助转换或者转移财物的；（2）帮助他人将巨额现金散存于多个银行账户，或在不同银行账户之间频繁划转的；（3）多次使用或者使用多个非本人身份证明开设的信用卡、资金支付结算账户或者多次采用遮蔽摄像头、伪装等异常手段，帮助他人转账、套现、取现的；（4）为他人提供非本人身份证明开设的信用卡、资金支付结算账户后，又帮助他人转账、套现、取现的；（5）以明显异于市场的价格，通过手机充值、交易游戏点卡等方式套现的。

3. ABCD，解析：根据《电信网络诈骗意见》第 4 条第 3 款规定，明知他人实施电信网络诈骗犯罪，具有下列情形之一的，以共同犯罪论处，但法律和司法解释另有规定的除外：（1）提供信用卡、资金支付结算账户、手机卡、通讯工具的；（2）非法获取、出售、提供公民个人信息的；（3）制作、销售、提供“木马”程序和“钓鱼软件”等恶意程序的；（4）提供“伪基站”设备或相关服务的；（5）提供互联网接入、服务器托管、网络存储、通讯传输等技术支持，或者提供支付结算等帮助的；（6）在提供改号软件、通话线路等技术服务时，发现主叫号码被修改为国内党政机关、司法机关、公共服务部门号码，或者境外用户改为境内号码，仍提供服务的；（7）提供资金、场所、交通、生活保障等帮助的；（8）帮助转移诈骗犯罪所得及其产生的收益，套现、取现的。

4. ABCD，解析：根据《电信网络诈骗意见》第 4 条第 4 款规定，负责招募他人实施电信网络诈骗犯罪活动，或者制作、提供诈骗方案、术语清单、语音包、信息等的，以诈骗共同犯罪论处。

5. ABCD，解析：根据《电信网络诈骗意见》第 6 条第 1 款规定，办理电信网络诈骗案件，确因被害人人数众多等客观条件的限制，无法逐一收集被害人陈述的，可以结合已收集的被害人陈述，以及经查证属实的银行账户交易记录、第三方支付结算账户交易记录、通话记录、电子数据等证据，综合认定被害人人数及诈骗资金数额等犯罪事实。

（四）填空题

1. 2年；累计计算。(《电信网络诈骗意见》）第2条）
2. 隐匿、毁灭；难以收集；时间；供述。(《电信网络诈骗意见》第2条）
3. 财产刑；经济上；再犯。(《电信网络诈骗意见》第2条）
4. 最初受理；查清犯罪事实；诉讼；共同上级。(《电信网络诈骗意见》第5条）

（五）简答题

答：根据《电信网络诈骗意见》第2条第2款规定，实施电信网络诈骗犯罪，达到相应数额标准，具有下列情形之一的，酌情从重处罚：(1）造成被害人或其近亲属自杀、死亡或者精神失常等严重后果的；(2）冒充司法机关等国家机关工作人员实施诈骗的；(3）组织、指挥电信网络诈骗犯罪团伙的；(4）在境外实施电信网络诈骗的；(5）曾因电信网络诈骗犯罪受过刑事处罚或者2年内曾因电信网络诈骗受过行政处罚的；(6）诈骗残疾人、老年人、未成年人、在校学生、丧失劳动能力人的财物，或者诈骗重病患者及其亲属财物的；(7）诈骗救灾、抢险、防汛、优抚、扶贫、移民、救济、医疗等款物的；(8）以赈灾、募捐等社会公益、慈善名义实施诈骗的；(9）利用电话追呼系统等技术手段严重干扰公安机关等部门工作的；(10）利用“钓鱼网站”链接、“木马”程序链接、网络渗透等隐蔽技术手段实施诈骗的。

十三、最高人民法院、最高人民检察院、公安部关于办理电信网络诈骗等刑事案件适用法律若干问题的意见（二）

（一）判断题

1. 非法获取、出售、提供具有信息发布、即时通讯、支付结算等功能的互联网账号密码、个人生物识别信息，符合《刑法》第 253 条之一规定的，以侵犯公民个人信息罪追究刑事责任。（　　）
2. 为他人利用信息网络实施犯罪而实施收购、出售、出租信用卡、银行账户、非银行支付账户、具有支付结算功能的互联网账号密码、网络支付接口、网上银行数字证书的，可以认定为《刑法》第 287 条之二规定的“帮助”行为。（　　）
3. 为他人实施电信网络诈骗犯罪提供技术支持、广告推广、支付结算等帮助，或者窝藏、转移、收购、代为销售及以其他方法掩饰、隐瞒电信网络诈骗犯罪所得及其产生的收益，诈骗犯罪行为可以确认，但实施诈骗的行为人尚未到案，不可以先行追究已到案的上述犯罪嫌疑人、被告人的刑事责任。（　　）

（二）单项选择题

1. 有证据证实行为人参加境外诈骗犯罪集团或犯罪团伙，在境外针对境内居民实施电信网络诈骗犯罪行为，诈骗数额难以查证，但 1 年内出境赴境外诈骗犯罪窝点累计时间（　　）日以上或多次出境赴境外诈骗犯罪窝点的，应当认定为《刑法》第 266 条规定的“其他严重情节”，以诈骗罪依法追究刑事责任。有证据证明其出境从事正当活动的除外。

A. 15　　B. 30

C. 45　　D. 60

2. 在网上注册办理手机卡、信用卡、银行账户、非银行支付账户时，为通过网上认证，使用他人身份证件信息并替换他人身份证件相片，属于（　　）身份证件行为。

A. 伪造　　B. 变造

C. 使用　　D. 盗用

（三）多项选择题

1. 为电信网络诈骗犯罪提供作案工具、技术支持等帮助以及掩饰、隐瞒犯罪所得及其产生的收益，由此形成多层级犯罪链条的，或者利用（　　）实施电信网络诈骗犯罪的，应当认定为多个犯罪嫌疑人、被告人实施的犯罪存在关联，人民法院、人民检察院、公安机关可以在其职责范围内并案处理。

A. 同一网站　　B. 通讯群组

C. 资金账户　　D. 作案窝点

2. 对于电信网络诈骗犯罪集团、犯罪团伙的组织者、策划者、指挥者和骨干分子，以及利用（　　）实施电信网络诈骗的，依法从严惩处。

A. 未成年人　　B. 在校学生

C. 老年人　　D. 残疾人

（四）填空题

1. 无正当理由持有他人的单位____的，属于《刑法》第 177 条之一第 1 款第 2 项规定的“非法持有他人信用卡”。
2. 使用____的身份证件或者盗用他人身份证件办理手机卡、信用卡、____、非银行支付账户，符合《刑法》第 280 条之一第 1 款规定的，以使用虚假身份证件、盗用身份证件罪追究刑事责任。
3. 电商平台预付卡、虚拟货币、手机充值卡、游戏点卡、____等经销商，在公安机关调查案件过程中，被明确告知其交易对象涉嫌电信网络诈骗犯罪，仍与其____，符合《刑法》第 287 条之二规定的，以____追究刑事责任。同时构成其他犯罪的，依照处罚较重的规定定罪处罚。

（五）简答题

电信网络诈骗犯罪地，除《电信网络诈骗意见》规定的犯罪行为发生地和结果发生地外，还包括哪些？

参考答案

（一）判断题

1. √，解析：根据《最高人民法院、最高人民检察院、公安部关于办理电信网络诈骗等刑事案件适用法律若干问题的意见（二）》（以下简称《电信网络诈骗意见（二）》）第 5 条规定。
2. √，解析：根据《电信网络诈骗意见（二）》第 7 条规定。
3. ×，解析：根据《电信网络诈骗意见（二）》第 12 条规定，为他人实施电信网络诈骗犯罪提供技术支持、广告推广、支付结算等帮助，或者窝藏、转移、收购、代为销售及以其他方法掩饰、隐瞒电信网络诈骗犯罪所得及其产生的收益，诈骗犯罪行为可以确认，但实施诈骗的行为人尚未到案，可以依法先行追究已到案的上述犯罪嫌疑人、被告人的刑事责任。

（二）单项选择题

1. B，解析：根据《电信网络诈骗意见（二）》第 3 条规定，有证据证实行为人参加境外诈骗犯罪集团或犯罪团伙，在境外针对境内居民实施电信网络诈骗犯罪行为，诈骗数额难以查证，但 1 年内出境赴境外诈骗犯罪窝点累计时间 30 日以上或多次出境赴境外诈骗犯罪窝点的，应当认定为《刑法》第 266 条规定的“其他严重情节”，以诈骗罪依法追究刑事责任。有证据证明其出境从事正当活动的除外。
2. A，解析：根据《电信网络诈骗意见（二）》第 6 条第 1 款规定，在网上注册办理手机卡、信用卡、银行账户、非银行支付账户时，为通过网上认证，使用他人身份证件信息并替换他人身份证件相片，属于伪造身份证件行为，符合《刑法》第 280 条第 3 款规定的，以伪造身份证件罪追究刑事责任。

（三）多项选择题

1. ABCD，解析：根据《电信网络诈骗意见（二）》第 2 条规定，为电信网络诈骗犯罪提供作案工具、技术支持等帮助以及掩饰、隐瞒犯罪所得及其产生的收益，由此形成多层级犯罪链条的，或者利用同一网站、通讯群组、资金账户、作案窝点实施电信网络诈骗犯罪的，应当认定为多个犯罪嫌疑人、被告人实施的犯罪存在关联，人民法院、人民检察院、公安机关可以在其职责范围内并案处理。
2. ABCD，解析：根据《电信网络诈骗意见（二）》第 16 条规定，办理电信网络诈骗犯罪案件，应当充分贯彻宽严相济刑事政策。在侦查、审查起诉、审判过程中，应当全面收集证据、准确甄别犯罪嫌疑人、被告人在共同犯罪中的层级地位及作用大小，结合其认罪态度和悔罪表现，区别对待，宽严并用，科学量刑，确保罚当其罪。对于电信网络诈骗犯罪集团、犯罪团伙的组织者、策划者、指挥者和骨干分子，以及利用未成年人、在校学生、老年人、残疾人实施电信网络诈骗的，依法从严惩处。

（四）填空题

1. 结算卡。（《电信网络诈骗意见（二）》第4条）
2. 伪造、变造；银行账户。（《电信网络诈骗意见（二）》第6条）
3. 游戏装备；继续交易；帮助信息网络犯罪活动罪。（《电信网络诈骗意见（二）》第10条）

（五）简答题

答：根据《电信网络诈骗意见（二）》第1条规定，电信网络诈骗犯罪地，除《最高人民法院、最高人民检察院、公安部关于办理电信网络诈骗等刑事案件适用法律若干问题的意见》规定的犯罪行为发生地和结果发生地外，还包括：（1）用于犯罪活动的手机卡、流量卡、物联网卡的开立地、销售地、转移地、藏匿地；（2）用于犯罪活动的信用卡的开立地、销售地、转移地、藏匿地、使用地以及资金交易对手资金交付和汇出地；（3）用于犯罪活动的银行账户、非银行支付账户的开立地、销售地、使用地以及资金交易对手资金交付和汇出地；（4）用于犯罪活动的即时通讯信息、广告推广信息的发送地、接受地、到达地；（5）用于犯罪活动的“猫池”（Modem Pool）、GOIP设备、多卡宝等硬件设备的销售地、入网地、藏匿地；（6）用于犯罪活动的互联网账号的销售地、登录地。

十四、最高人民法院、最高人民检察院关于办理诈骗刑事案件具体应用法律若干问题的解释

（一）判断题

1. 诈骗公私财物价值3000元至1万元以上、3万元至10万元以上、50万元以上的，应当分别认定为《刑法》第266条规定的“数额较大”、“数额巨大”、“数额特别巨大”。（　　）
2. 冒充国家机关工作人员进行诈骗，同时构成诈骗罪和招摇撞骗罪的，以诈骗罪既遂处罚。（　　）

（二）单项选择题

利用发送短信、拨打电话、互联网等电信技术手段对不特定多数人实施诈骗，诈骗数额难以查证，但发送诈骗信息（　　）条以上的，应当认定为《刑法》第266条规定的“其他严重情节”，以诈骗罪（未遂）定罪处罚。

A. 1000　　B. 2000

C. 3000　　D. 5000

（三）多项选择题

1. 下列关于诈骗近亲属的财物的说法正确的是：（　　）

A. 诈骗近亲属的财物，近亲属谅解的，一般可不按犯罪处理

B. 诈骗近亲属的财物，近亲属谅解的，一般可按犯罪处理

C. 诈骗近亲属的财物，确有追究刑事责任必要的，具体处理也应酌情从宽

D. 诈骗近亲属的财物，确有追究刑事责任必要的，具体处理必须从宽

2. 明知他人实施诈骗犯罪，为其提供（　　）、网络技术支持、费用结算等帮助的，以共同犯罪论处。

A. 信用卡　　B. 手机卡

C. 通讯工具　　D. 通讯传输通道

（四）填空题

1. 诈骗既有既遂，又有未遂，分别达到____幅度的，依照____的规定处罚；达到同一量刑幅度的，以诈骗罪____处罚。

2. 案发后查封、扣押、冻结在案的诈骗财物及其孳息，____的，应当发还被害人；权属不明确的，可按被骗款物占查封、扣押、冻结在案的财物及其孳息总额的____发还被害人，但已获退赔的应予____。

（五）简答题

1. 诈骗公私财物达到《诈骗刑事案件司法解释》第 1 条规定的数额标准，具有哪些情形的，可以依照《刑法》第 266 条的规定酌情从严惩处？

2. 诈骗公私财物虽已达到《诈骗刑事案件司法解释》第 1 条规定的“数额较大”的标准，但具有哪些情形，且行为人认罪、悔罪的，可以根据相关规定不起诉或者免予刑事处罚。

3. 行为人已将诈骗财物用于清偿债务或者转让给他人，具有哪些情形的，应当依法追缴？

参考答案

（一）判断题

1. √，解析：根据《最高人民法院、最高人民检察院关于办理诈骗刑事案件具体应用法律若干问题的解释》（以下简称《诈骗刑事案件司法解释》）第1条规定。
2. ×，解析：根据《诈骗刑事案件司法解释》第8条规定，冒充国家机关工作人员进行诈骗，同时构成诈骗罪和招摇撞骗罪的，依照处罚较重的规定定罪处罚。

（二）单项选择题

D，解析：根据《诈骗刑事案件司法解释》第5条第2款规定，利用发送短信、拨打电话、互联网等电信技术手段对不特定多数人实施诈骗，诈骗数额难以查证，但具有下列情形之一的，应当认定为《刑法》第266条规定的“其他严重情节”，以诈骗罪（未遂）定罪处罚：（1）发送诈骗信息5000条以上的；（2）拨打诈骗电话500人次以上的；（3）诈骗手段恶劣、危害严重的。

（三）多项选择题

1. AC，解析：根据《诈骗刑事案件司法解释》第4条规定，诈骗近亲属的财物，近亲属谅解的，一般可不按犯罪处理。诈骗近亲属的财物，确有追究刑事责任必要的，具体处理也应酌情从宽。
2. ABCD，解析：根据《诈骗刑事案件司法解释》第7条规定，明知他人实施诈骗犯罪，为其提供信用卡、手机卡、通讯工具、通讯传输通道、网络技术支持、费用结算等帮助的，以共同犯罪论处。

（四）填空题

1. 不同量刑；处罚较重；既遂。（《诈骗刑事案件司法解释》第6条）
2. 权属明确；比例；扣除。（《诈骗刑事案件司法解释》第9条）

（五）简答题

1. 答：根据《诈骗刑事案件司法解释》第 2 条规定，诈骗公私财物达到本解释第 1 条规定的数额标准，具有下列情形之一的，可以依照《刑法》第 266 条的规定酌情从严惩处：（1）通过发送短信、拨打电话或者利用互联网、广播电视、报刊杂志等发布虚假信息，对不特定多数人实施诈骗的；（2）诈骗救灾、抢险、防汛、优抚、扶贫、移民、救济、医疗款物的；（3）以赈灾募捐名义实施诈骗的；（4）诈骗残疾人、老年人或者丧失劳动能力人的财物的；（5）造成被害人自杀、精神失常或者其他严重后果的。诈骗数额接近本解释第 1 条规定的"数额巨大"、"数额特别巨大"的标准，并具有前款规定的情形之一或者属于诈骗集团首要分子的，应当分别认定为《刑法》第 266 条规定的"其他严重情节"、"其他特别严重情节"。
2. 答：根据《诈骗刑事案件司法解释》第 3 条规定，诈骗公私财物虽已达到本解释第 1 条规定的"数额较大"的标准，但具有下列情形之一，且行为人认罪、悔罪的，可以根据《刑法》第 37 条、《刑事诉讼法》第 142 条[①]的规定不起诉或者免予刑事处罚：（1）具有法定从宽处罚情节的；（2）一审宣判前全部退赃、退赔的；（3）没有参与分赃或者获赃较少且不是主犯的；（4）被害人谅解的；（5）其他情节轻微、危害不大的。
3. 答：根据《诈骗刑事案件司法解释》第 10 条规定，行为人已将诈骗财物用于清偿债务或者转让给他人，具有下列情形之一的，应当依法追缴：（1）对方明知是诈骗财物而收取的；（2）对方无偿取得诈骗财物的；（3）对方以明显低于市场的价格取得诈骗财物的；（4）对方取得诈骗财物系源于非法债务或者违法犯罪活动的。他人善意取得诈骗财物的，不予追缴。

---

① 现为 2018 年《刑事诉讼法》第 177 条

十五、最高人民法院、最高人民检察院、公安部关于办理信息网络犯罪案件适用刑事诉讼程序若干问题的意见

（一）判断题

1. 信息网络犯罪案件由犯罪地公安机关立案侦查。必要时，可以由犯罪嫌疑人居住地公安机关立案侦查。（　）
2. 办理信息网络犯罪案件，对于数量特别众多且具有同类性质、特征或者功能的物证、书证、证人证言、被害人陈述、视听资料、电子数据等证据材料，确因客观条件限制无法逐一收集的，应当按照一定比例或者数量选取证据，并对选取情况作出说明和论证。（　）

（二）单项选择题

1. 下列关于办理信息网络犯罪案件刑诉程序的说法错误的是：（　）

A. 有多个犯罪地的信息网络犯罪案件，由最初受理的公安机关或者主要犯罪地公安机关立案侦查

B. 有多个犯罪地的信息网络犯罪案件，有争议的，按照有利于查清犯罪事实、有利于诉讼的原则，协商解决

C. 有多个犯罪地的信息网络犯罪案件，经协商无法达成一致的，由共同上一级公安机关指定有关公安机关立案侦查

D. 需要提请批准逮捕、移送审查起诉、提起公诉的，由立案侦查的公安机关所在地的人民检察院、人民法院受理

2. 办理信息网络犯罪案件，需要远程询（讯）问的，应当由协作地公安机关事先核实被询（讯）问人的身份。办案地公安机关应当将询（讯）问笔录传输至协作地公安机关。询（讯）问笔录经被询（讯）问人确认并逐页（　　）后，由协作地公安机关协作人员签名或者盖章，并将原件提供给办案地公安机关。

A. 签名　　B. 捺指印

C. 签名或者捺指印　　D. 签名、捺指印

（三）多项选择题

1. 对于具有特殊情况，跨省（自治区、直辖市）指定异地公安机关侦查更有利于（　　）的重大信息网络犯罪案件，以及在境外实施的信息网络犯罪案件，公安部可以商最高人民检察院和最高人民法院指定侦查管辖。

A. 查清犯罪事实　　B. 保证案件公正处理

C. 抓捕犯罪嫌疑人　　D. 查找关键证据

2. 下列关于办理信息网络犯罪案件刑诉程序的说法正确的是：（　　）

A. 公安机关向网络服务提供者调取电子数据的，应当制作调取证据通知书，注明需要调取的电子数据的相关信息

B. 调取证据通知书及相关法律文书可以采用数据电文形式

C. 跨地域调取电子数据的，可以通过公安机关信息化系统传输相关数据电文

D. 数据电文形式的法律文书和电子证明文件，应当使用电子签名、数字水印等方式保证完整性

（四）填空题

1. 并案侦查的共同犯罪或者关联犯罪案件，犯罪嫌疑人____、____的，公安机关可以分案移送审查起诉。分案移送审查起诉的，应当对并案侦查的依据、分案移送审查起诉的理由作出____。
2. 公安机关在调查核实过程中依法收集的电子数据等材料，可以根据有关规定作为____使用。调查核实过程中收集的材料作为证据使用的，应当____，并附批准调查核实的相关材料。调查核实过程中收集的证据材料经查证属实，且收集程序符合有关要求的，可以作为____。

（五）简答题

1. 简述《办理信息网络犯罪案件刑诉程序意见》所称信息网络犯罪案件包括的范围。
2. 简述在办理信息网络犯罪案件刑诉时，公安机关、人民检察院、人民法院可以在其职责范围内并案处理的情形。

参考答案

（一）判断题

1. √，解析：根据《最高人民法院、最高人民检察院、公安部关于办理信息网络犯罪案件适用刑事诉讼程序若干问题的意见》（以下简称《办理信息网络犯罪案件刑诉程序意见》）第2条规定。
2. √，解析：根据《办理信息网络犯罪案件刑诉程序意见》第20条规定。

（二）单项选择题

1. C，解析：根据《办理信息网络犯罪案件刑诉程序意见》第 3 条规定，有多个犯罪地的信息网络犯罪案件，由最初受理的公安机关或者主要犯罪地公安机关立案侦查。有争议的，按照有利于查清犯罪事实、有利于诉讼的原则，协商解决；经协商无法达成一致的，由共同上级公安机关指定有关公安机关立案侦查。需要提请批准逮捕、移送审查起诉、提起公诉的，由立案侦查的公安机关所在地的人民检察院、人民法院受理。
2. D，解析：根据《办理信息网络犯罪案件刑诉程序意见》第 15 条第 2 款规定，远程询（讯）问的，应当由协作地公安机关事先核实被询（讯）问人的身份。办案地公安机关应当将询（讯）问笔录传输至协作地公安机关。询（讯）问笔录经被询（讯）问人确认并逐页签名、捺指印后，由协作地公安机关协作人员签名或者盖章，并将原件提供给办案地公安机关。询（讯）问人员收到笔录后，应当在首页右上方写明“于某年某月某日收到”，并签名或者盖章。

（三）多项选择题

1. AB，解析：根据《办理信息网络犯罪案件刑诉程序意见》第 8 条规定，对于具有特殊情况，跨省（自治区、直辖市）指定异地公安机关侦查更有利于查清犯罪事实、保证案件公正处理的重大信息网络犯罪案件，以及在境外实施的信息网络犯罪案件，公安部可以商最高人民检察院和最高人民法院指定侦查管辖。
2. ABCD，解析：根据《办理信息网络犯罪案件刑诉程序意见》第 14 条规定，公安机关向网络服务提供者调取电子数据的，应当制作调取证据通知书，注明需要调取的电子数据的相关信息。调取证据通知书及相关法律文书可以采用数据电文形式。跨地域调取电子数据的，可以通过公安机关信息化系统传输相关数据电文。网络服务提供者向公安机关提供电子数据的，可以采用数据电文形式。采用数据电文形式提供电子数据的，应当保证电子数据的完整性，并制作电子证明文件，载明调证法律文书编号、单位电子公章、完整性校验值等保护电子数据完整性方法的说明等信息。数据电文形式的法律文书和电子证明文件，应当使用电子签名、数字水印等方式保证完整性。

（四）填空题

1. 人数众多；案情复杂；说明。（《办理信息网络犯罪案件刑诉程序意见》第 5 条）
2. 证据；随案移送；定案依据。（《办理信息网络犯罪案件刑诉程序意见》第 13 条）

（五）简答题

1. 答：根据《办理信息网络犯罪案件刑诉程序意见》第 1 条规定，本意见所称信息网络犯罪案件包括：（1）危害计算机信息系统安全犯罪案件；（2）拒不履行信息网络安全管理义务、非法利用信息网络、帮助信息网络犯罪活动的犯罪案件；（3）主要行为通过信息网络实施的诈骗、赌博、侵犯公民个人信息等其他犯罪案件。
2. 答：根据《办理信息网络犯罪案件刑诉程序意见》第 4 条规定，具有下列情形之一的，公安机关、人民检察院、人民法院可以在其职责范围内并案处理：（1）一人犯数罪的；（2）共同犯罪的；（3）共同犯罪的犯罪嫌疑人、被告人还实施其他犯罪的；（4）多个犯罪嫌疑人、被告人实施的犯罪行为存在关联，并案处理有利于查明全部案件事实的。对为信息网络犯罪提供程序开发、互联网接入、服务器托管、网络存储、通讯传输等技术支持，或者广告推广、支付结算等帮助，涉嫌犯罪的，可以依照第一款的规定并案侦查。有关公安机关依照前两款规定并案侦查的案件，需要提请批准逮捕、移送审查起诉、提起公诉的，由该公安机关所在地的人民检察院、人民法院受理。

十六、治安管理处罚法

（一）判断题

1. 实施治安管理处罚，应当公开、公正，尊重和保障人权，保护公民的人格尊严。（　　）
2. 已满12周岁不满18周岁的人违反治安管理的，从轻或者减轻处罚；不满12周岁的人违反治安管理的，不予处罚，但是应当责令其监护人严加管教。（　　）
3. 公安机关及其人民警察对治安案件的调查，应当依法进行。严禁刑讯逼供或者采用威胁、引诱、欺骗等非法手段收集证据。（　　）
4. 对违反治安管理行为人，公安机关传唤后应当及时询问查证，询问查证的时间不得超过12小时；情况复杂，依照规定可能适用行政拘留处罚的，询问查证的时间不得超过24小时。（　　）
5. 公安机关对与违反治安管理的妇女的身体进行检查时，应当由女医师进行。（　　）

（二）单项选择题

1. 醉酒的人在醉酒状态中，对本人有危险或者对他人的人身、财产或者公共安全有威胁的，应当对其采取（　　）措施约束至酒醒。

A. 强制性　　B. 保护性

C. 保障性　　D. 暴力性

2. 有两种以上违反治安管理行为的，分别决定，合并执行。行政拘留处罚合并执行的，最长不超过（　　）日。

A. 15　　B. 18

C. 20　　D. 30

3. 扰乱机关、团体、企业、事业单位秩序，致使工作、生产、营业、医疗、教学、科研不能正常进行，（　　）的，处警告或者 200 元以下罚款；情节较重的，处 5 日以上 10 日以下拘留，可以并处 500 元以下罚款。

A. 尚未造成严重损失　　B. 尚未造成损失

C. 造成严重损失　　D. 造成损失

4. 阻碍（　　）依法执行职务的，处警告或者 200 元以下罚款；情节严重的，处 5 日以上 10 日以下拘留，可以并处 500 元以下罚款。

A. 国家公务员　　B. 国家公职人员

C. 国家工作人员　　D. 国家机关工作人员

5. 治安管理处罚由县级以上人民政府公安机关决定；其中警告、（　　）元以下的罚款可以由公安派出所决定。

A. 100　　B. 200

C. 500　　D. 1000

（三）多项选择题

1. 治安管理处罚必须以事实为依据，与违反治安管理行为的（　　）相当。

A. 性质　　B. 起因

C. 情节　　D. 社会危害程度

2. 治安管理处罚的种类分为：（　　）

A. 警告　　B. 罚款

C. 行政拘留　　D. 吊销公安机关发放的许可证

3. 对违反治安管理的人减轻处罚或者不予处罚的情形有：(　　)

A. 主动消除或者减轻违法后果，并取得被侵害人谅解的

B. 出于他人胁迫或者诱骗的

C. 主动投案，向公安机关如实陈述自己的违法行为的

D. 有立功表现的

4. 公安机关及其人民警察在办理治安案件时，对涉及的（　　），应当予以保密。

A. 违纪信息　　B. 国家秘密

C. 商业秘密　　D. 个人隐私

5. 公安机关认为暂缓执行行政拘留不致发生社会危险的，由被处罚人或者其近亲属提出符合条件的担保人，行政拘留的处罚决定暂缓执行。下列属于担保人条件的是：(　　)

A. 与本案无牵连

B. 享有政治权利，人身自由未受到限制

C. 在当地有常住户口和固定住所

D. 有能力履行担保义务

（四）填空题

1. 违反治安管理的行为对他人造成损害的，行为人或者其____应当依法承担____责任。

2. 违反治安管理行为人已满____周岁不满 18 周岁，____违反治安管理的，依照《治安管理处罚法》应当给予行政拘留处罚的，____行政拘留处罚。

3. 需要传唤违反治安管理行为人接受调查的，经公安机关办案部门

负责人批准，使用____传唤。对现场发现的违反治安管理行为人，人民警察经出示____，可以口头传唤，但应当在____中注明。

4. 公安机关办理治安案件的期限，自受理之日起不得超过____日；案情____的，经上一级公安机关批准，可以延长 30 日。

5. 公安机关依法实施罚款处罚，应当依照有关法律、行政法规的规定，实行罚款决定与罚款____；收缴的罚款应当全部上缴____。

（五）简答题

1. 简述治安案件调查结束后，公安机关应当作出的处理。

2. 简述人民警察可以当场收缴罚款的情形。

参考答案

（一）判断题

1. √，解析：根据《治安管理处罚法》第 5 条规定。

2. ×，解析：根据《治安管理处罚法》第 12 条规定，已满 14 周岁不满 18 周岁的人违反治安管理的，从轻或者减轻处罚；不满 14 周岁的人违反治安管理的，不予处罚，但是应当责令其监护人严加管教。

3. √，解析：根据《治安管理处罚法》第 79 条规定。

4. ×，解析：根据《治安管理处罚法》第 83 条第 1 款规定，对违反治安管理行为人，公安机关传唤后应当及时询问查证，询问查证的时间不得超过 8 小时；情况复杂，依照本法规定可能适用行政拘留处罚的，询问查证的时间不得超过 24 小时。

5. ×，解析：根据《治安管理处罚法》第 87 条规定，公安机关对与违反治安管理行为有关的场所、物品、人身可以进行检查。检查妇女的身体，应当由女性工作人员进行。

（二）单项选择题

1. B，解析：根据《治安管理处罚法》第 15 条规定，醉酒的人违反治安管理的，应当给予处罚。醉酒的人在醉酒状态中，对本人有危险或者对他人的人身、财产或者公共安全有威胁的，应当对其采取保护性措施约束至酒醒。
2. C，解析：根据《治安管理处罚法》第 16 条规定，有两种以上违反治安管理行为的，分别决定，合并执行。行政拘留处罚合并执行的，最长不超过 20 日。
3. A，解析：根据《治安管理处罚法》第 23 条规定，有下列行为之一的，处警告或者 200 元以下罚款；情节较重的，处 5 日以上 10 日以下拘留，可以并处 500 元以下罚款：（1）扰乱机关、团体、企业、事业单位秩序，致使工作、生产、营业、医疗、教学、科研不能正常进行，尚未造成严重损失的；（2）扰乱车站、港口、码头、机场、商场、公园、展览馆或者其他公共场所秩序的；（3）扰乱公共汽车、电车、火车、船舶、航空器或者其他公共交通工具上的秩序的；（4）非法拦截或者强登、扒乘机动车、船舶、航空器以及其他交通工具，影响交通工具正常行驶的；（5）破坏依法进行的选举秩序的。聚众实施前款行为的，对首要分子处 10 日以上 15 日以下拘留，可以并处 1000 元以下罚款。
4. D，解析：根据《治安管理处罚法》第 50 条第 1 款规定，有下列行为之一的，处警告或者 200 元以下罚款；情节严重的，处 5 日以上 10 日以下拘留，可以并处 500 元以下罚款：（1）拒不执行人民政府在紧急状态情况下依法发布的决定、命令的；（2）阻碍国家机关工作人员依法执行职务的；（3）阻碍执行紧急任务的消防车、救护车、工程抢险车、警车等车辆通行的；（4）强行冲闯公安机关设置的警戒带、警戒区的。
5. C，解析：根据《治安管理处罚法》第 91 条规定，治安管理处罚由县级以上人民政府公安机关决定；其中警告、500 元以下的罚款可以由公安派出所决定。

（三）多项选择题

1. ACD，解析：根据《治安管理处罚法》第 5 条第 1 款规定，治安管理处罚必须以事实为依据，与违反治安管理行为的性质、情节以及社会危害程度相当。
2. ABCD，解析：根据《治安管理处罚法》第 10 条规定，治安管理处罚的种类分为：（1）警告；（2）罚款；（3）行政拘留；（4）吊销公安机关发放的许可证。对违反治安管理的外国人，可以附加适用限期出境或者驱逐出境。
3. ABCD，解析：根据《治安管理处罚法》第 19 条规定，违反治安管理有下列情形之一的，减轻处罚或者不予处罚：（1）情节特别轻微的；（2）主动消除或者减轻违法后果，并取得被侵害人谅解的；（3）出于他人胁迫或者诱骗的；（4）主动投案，向公安机关如实陈述自己的违法行为的；（5）有立功表现的。
4. BCD，解析：根据《治安管理处罚法》第 80 条规定，公安机关及其人民警察在办理治安案件时，对涉及的国家秘密、商业秘密或者个人隐私，应当予以保密。
5. ABCD，解析：根据《治安管理处罚法》第 108 条规定，担保人应当符合下列条件：（1）与本案无牵连；（2）享有政治权利，人身自由未受到限制；（3）在当地有常住户口和固定住所；（4）有能力履行担保义务。

（四）填空题

1. 监护人；民事。（《治安管理处罚法》第 8 条）
2. 16；初次；不执行。（《治安管理处罚法》第 21 条）
3. 传唤证；工作证件；询问笔录。（《治安管理处罚法》第 82 条）
4. 30；重大、复杂。（《治安管理处罚法》第 99 条）

5. 收缴分离；国库。（《治安管理处罚法》第 115 条）

（五）简答题

1. 答：根据《治安管理处罚法》第 95 条规定，治安案件调查结束后，公安机关应当根据不同情况，分别作出以下处理：（1）确有依法应当给予治安管理处罚的违法行为的，根据情节轻重及具体情况，作出处罚决定；（2）依法不予处罚的，或者违法事实不能成立的，作出不予处罚决定；（3）违法行为已涉嫌犯罪的，移送主管机关依法追究刑事责任；（4）发现违反治安管理行为人有其他违法行为的，在对违反治安管理行为作出处罚决定的同时，通知有关行政主管部门处理。

2. 答：根据《治安管理处罚法》第 104 条规定，受到罚款处罚的人应当自收到处罚决定书之日起 15 日内，到指定的银行缴纳罚款。但是，有下列情形之一的，人民警察可以当场收缴罚款：（1）被处 50 元以下罚款，被处罚人对罚款无异议的；（2）在边远、水上、交通不便地区，公安机关及其人民警察依照本法的规定作出罚款决定后，被处罚人向指定的银行缴纳罚款确有困难，经被处罚人提出的；（3）被处罚人在当地没有固定住所，不当场收缴事后难以执行的。

十七、民事诉讼法

（一）判断题

1. 中华人民共和国民事诉讼法以宪法为根据，结合我国民事审判工作的经验和实际情况制定。（　　）
2. 制裁民事违法行为，保护当事人的合法权益是中华人民共和国民事诉讼法的唯一任务。（　　）
3. 人民法院受理自然人之间、法人之间、其他组织之间以及他们相互之间因财产关系和人身关系提起的民事诉讼，适用《民事诉讼法》的规定。（　　）
4. 外国人、无国籍人、外国企业和组织在人民法院起诉、应诉，同中华人民共和国公民、法人和其他组织有对等的诉讼权利义务。（　　）
5. 人民法院依照法律规定对民事案件进行审判，行政机关可以对审判过程进行干涉。（　　）
6. 各民族公民都应使用汉字进行民事诉讼。（　　）
7. 人民检察院有权对民事诉讼实行法律监督。（　　）
8. 民族自治地方的人民代表大会根据宪法和本法的原则，结合当地民族的具体情况，可以制定变通或者补充的规定。（　　）

（二）单项选择题

1. 下列哪一选项不属于公众可以查阅的发生法律效力的判决书、裁定书的内容？（　　）

A. 涉及第三人的内容　　B. 涉及诉讼标的额的内容

C. 涉及商业秘密的内容　　D. 涉及未成年人的内容

2. 关于《民事诉讼法》的任务，下列哪一说法是错误的？（　　）

A. 保护当事人行使诉讼权利　　B. 及时审理民事案件

C. 制裁民事违法行为　　D. 惩罚犯罪

3. 下列关于民事诉讼的哪一说法是错误的？（　　）

A. 公民与法人之间因财产关系提起的民事诉讼，应适用《民事诉讼法》的规定

B. 惩罚犯罪不是民事诉讼的任务

C. 中华人民共和国民事诉讼法以民法为依据

D. 凡在中华人民共和国领域内进行民事诉讼，必须遵守《民事诉讼法》

4. 外国人、无国籍人、外国企业和组织在人民法院起诉、应诉，同中华人民共和国公民、法人和其他组织有（　　）的诉讼权利义务。

A. 相同　　B. 不同

C. 同等　　D. 对等

5. 民事诉讼当事人有（　　）的诉讼权利。

A. 同等　　B. 对等

C. 相同　　D. 平等

6. 在少数民族聚居或者多民族共同居住的地区，人民法院应当用下列哪一种语言、文字进行审理和发布法律文书？（　　）

A. 汉族的　　B. 当地民族的任意一种

C. 当地民族通用的　　D. 法官惯用的

7. 下列哪一主体有权对民事诉讼实行法律监督？（　　）

A. 行政机关　　B. 全国人民代表大会

C. 公安机关　　D. 人民检察院

（三）多项选择题

1. 下列哪些选项属于《民事诉讼法》的任务？（　　）

A. 保证人民法院查明事实　　B. 正确适用法律

C. 确认民事权利义务关系　　D. 保护当事人的合法权益

2. 下列哪些民事诉讼应适用《民事诉讼法》的规定？（　　）

A. 自然人之间因财产关系提起的民事诉讼

B. 公民之间因人身关系提起的民事诉讼

C. 自然人与法人之间因财产关系提起的民事诉讼

D. 法人与其他组织之间因财产关系提起的民事诉讼

3. 人民法院依照法律规定对民事案件独立进行审判，不受（　　）的干涉。

A. 行政机关　　B. 社会团体

C. 个人　　D. 司法机关

4. 人民法院审理民事案件，依照法律规定实行下列哪些制度？（　　）

A. 合议　　B. 回避

C. 公开审判　　D. 两审终审

5. 人民法院审理民事案件时，下列哪些人有权辩论？（　　）

A. 原告　　B. 被告

C. 书记员　　D. 法官

6. 下列哪些主体对损害国家、集体或者个人民事权益的行为，可以支持受损害的单位或者个人向人民法院起诉？（　　）

A. 机关　　B. 社会团体

C. 企业事业单位　　D. 人民检察院

（四）填空题

1. 中华人民共和国民事诉讼法以____为根据，结合我国民事审判工作的经验和实际情况制定。
2. 中华人民共和国民事诉讼法的任务，是保护当事人行使____，保证人民法院查明事实，分清是非，____法律，____民事案件，确认民事权利义务关系，制裁民事违法行为，保护当事人的合法权益，教育公民自觉遵守法律，维护社会秩序、经济秩序，保障社会主义建设事业顺利进行。
3. 人民法院受理____之间、____之间、____之间以及他们相互之间因财产关系和人身关系提起的民事诉讼，适用本法的规定。
4. 民事案件的审判权由____行使。人民法院依照法律规定对民事案件独立进行审判，不受____、____和____的干涉。
5. 人民法院审理民事案件，必须以____为根据，以____为准绳。
6. 人民法院审理民事案件，应当根据____和____的原则进行调解；调解不成的，应当____判决。
7. 当事人有权在法律规定的范围内处分自己的____权利和____权利。
8. 机关、社会团体、企业事业单位对损害____、____或者____民事权益的行为，可以支持受损害的单位或者个人向人民法院起诉。

（五）简答题

1. 简述同等原则和对等原则的含义。
2. 简述民事诉讼中的支持起诉原则。

参考答案

（一）判断题

1. √，解析：根据《民事诉讼法》第1条规定。
2. ×，解析：根据《民事诉讼法》第2条规定，中华人民共和国民事诉讼法的任务，是保护当事人行使诉讼权利，保证人民法院查明事实，分清是非，正确适用法律，及时审理民事案件，确认民事权利义务关系，制裁民事违法行为，保护当事人的合法权益，教育公民自觉遵守法律，维护社会秩序、经济秩序，保障社会主义建设事业顺利进行。
3. ×，解析：根据《民事诉讼法》第3条规定，人民法院受理公民之间、法人之间、其他组织之间以及他们相互之间因财产关系和人身关系提起的民事诉讼，适用本法的规定。
4. ×，解析：根据《民事诉讼法》第5条第1款规定，外国人、无国籍人、外国企业和组织在人民法院起诉、应诉，同中华人民共和国公民、法人和其他组织有同等的诉讼权利义务。
5. ×，解析：根据《民事诉讼法》第6条第2款规定，人民法院依照法律规定对民事案件独立进行审判，不受行政机关、社会团体和个人的干涉。
6. ×，解析：根据《民事诉讼法》第11条第1款规定，各民族公民都有用本民族语言、文字进行民事诉讼的权利。
7. √，解析：根据《民事诉讼法》第14条规定。
8. √，解析：根据《民事诉讼法》第16条规定。

（二）单项选择题

1. C，解析：根据《民事诉讼法》第156条规定，公众可以查阅发生法律效力的判决书、裁定书，但涉及国家秘密、商业秘密和个人隐私的内容除外。

2. D，解析：根据《民事诉讼法》第 2 条规定，中华人民共和国民事诉讼法的任务，是保护当事人行使诉讼权利，保证人民法院查明事实，分清是非，正确适用法律，及时审理民事案件，确认民事权利义务关系，制裁民事违法行为，保护当事人的合法权益，教育公民自觉遵守法律，维护社会秩序、经济秩序，保障社会主义建设事业顺利进行。
3. C，解析：根据《民事诉讼法》第 1 条规定，中华人民共和国民事诉讼法以宪法为根据，结合我国民事审判工作的经验和实际情况制定。
4. C，解析：根据《民事诉讼法》第 5 条第 1 款规定，外国人、无国籍人、外国企业和组织在人民法院起诉、应诉，同中华人民共和国公民、法人和其他组织有同等的诉讼权利义务。
5. D，解析：根据《民事诉讼法》第 8 条规定，民事诉讼当事人有平等的诉讼权利。人民法院审理民事案件，应当保障和便利当事人行使诉讼权利，对当事人在适用法律上一律平等。
6. C，解析：根据《民事诉讼法》第 11 条第 2 款规定，在少数民族聚居或者多民族共同居住的地区，人民法院应当用当地民族通用的语言、文字进行审理和发布法律文书。
7. D，解析：根据《民事诉讼法》度 14 条规定，人民检察院有权对民事诉讼实行法律监督。

（三）多项选择题

1. ABCD，解析：根据《民事诉讼法》第 2 条规定，中华人民共和国民事诉讼法的任务，是保护当事人行使诉讼权利，保证人民法院查明事实，分清是非，正确适用法律，及时审理民事案件，确认民事权利义务关系，制裁民事违法行为，保护当事人的合法权益，教育公民自觉遵守法律，维护社会秩序、经济秩序，保障社会主义建设事业顺利进行。

2. BD，解析：根据《民事诉讼法》第3条规定，人民法院受理公民之间、法人之间、其他组织之间以及他们相互之间因财产关系和人身关系提起的民事诉讼，适用本法的规定。

3. ABC，解析：根据《民事诉讼法》第6条第2款规定，人民法院依照法律规定对民事案件独立进行审判，不受行政机关、社会团体和个人的干涉。

4. ABCD，解析：根据《民事诉讼法》第10条规定，人民法院审理民事案件，依照法律规定实行合议、回避、公开审判和两审终审制度。

5. AB，解析：根据《民事诉讼法》第12条规定，人民法院审理民事案件时，当事人有权进行辩论。

6. ABC，解析：根据《民事诉讼法》第15条规定，机关、社会团体、企业事业单位对损害国家、集体或者个人民事权益的行为，可以支持受损害的单位或者个人向人民法院起诉。

（四）填空题

1. 宪法。（《民事诉讼法》第1条）
2. 诉讼权利；正确适用；及时审理。（《民事诉讼法》第2条）
3. 公民；法人；其他组织。（《民事诉讼法》第3条）
4. 人民法院；行政机关；社会团体；个人。（《民事诉讼法》第6条）
5. 事实；法律。（《民事诉讼法》第7条）
6. 自愿；合法；及时。（《民事诉讼法》第9条）
7. 民事；诉讼。（《民事诉讼法》第13条）
8. 国家；集体；个人。（《民事诉讼法》第15条）

（五）简答题

1. 答：根据《民事诉讼法》第5条规定，同等原则是指外国人、无国籍人、外国企业和组织在人民法院起诉、应诉，同中华人民共和国公民、法人和其他组织有同等的诉讼权利义务。对等原则是指外国法院对中华人民共和国公民、法人和其他组织的民事诉讼权利加以限制的，中华人民共和国人民法院对该国公民、企业和组织的民事诉讼权利，实行对等原则。

2. 答：根据《民事诉讼法》第 15 条规定，机关、社会团体、企业事业单位对损害国家、集体或者个人民事权益的行为，可以支持受损害的单位或者个人向人民法院起诉。

十八、刑事诉讼法

（一）判断题

1. 对刑事案件的侦查、拘留、执行逮捕、预审、提起公诉，由公安机关负责。（　　）
2. 国家安全机关依照法律规定，办理危害国家安全的刑事案件时，可以行使与公安机关相同的职权。（　　）
3. 在少数民族聚居或者多民族杂居的地区，应当用当地通用的语言进行审讯，用当地通用的文字发布判决书、布告和其他文件。（　　）
4. 人民法院审判案件，实行三审终审制。（　　）
5. 下级人民法院认为案情重大、复杂需要由上级人民法院审判的第一审刑事案件，可以请求移送上一级人民法院审判。（　　）
6. 犯罪嫌疑人自被侦查机关第一次讯问或者采取强制措施之日起，有权委托辩护人；在侦查期间，可以委托律师作为辩护人或自己作为辩护人。（　　）
7. 辩护律师可以同在押的犯罪嫌疑人、被告人会见和通信。其他辩护人经公安机关、人民检察院许可，也可以同在押的犯罪嫌疑人、被告人会见和通信。（　　）

（二）单项选择题

1. 最高人民法院管辖的（　　）刑事案件，是全国性的重大刑事案件。

A. 第一审　B. 第二审

C. 第三审　D. 终审

2. 担任过本案的证人、鉴定人、辩护人、诉讼代理人的（　　），应当自行回避，当事人及其法定代理人也有权要求他们回避。

A. 审判人员　B. 检察人员

C. 侦查人员　D. 以上都是

3.《刑事诉讼法》关于回避的规定适用于：（　　）

A. 书记员　B. 翻译人员

C. 鉴定人　D. 以上都是

4. 下列可以被委托为辩护人的是：（　　）

A. 律师　B. 犯罪嫌疑人、被告人的亲友

C. 人民团体　D. 以上都是

5. （　　）可以在人民法院、看守所等场所派驻值班律师。

A. 司法行政机关　B. 人民检察院

C. 律师事务所　D. 法律援助机构

6. 收件人本人或者代收人拒绝接收或者拒绝签名、盖章的时候，送达人可以邀请他的邻居或者其他见证人到场，说明情况，把文件留在他的住处，在送达证上记明拒绝的事由、送达的日期，由（　　），即认为已经送达。

A. 邻居签名　B. 见证人签名

C. 送达人签名　D. 代收人签名

7. 搜查妇女的身体，应当由（　　）进行。

A. 女工作人员　B. 女医生

C. 医生　D. 侦查人员

（三）多项选择题

1. （　　）进行刑事诉讼，必须依靠群众，必须以事实为根据，以法律为准绳。对于一切公民，在适用法律上一律平等，在法律面前，不允许有任何特权。

A. 人民法院　　　　B. 人民检察院

C. 公安机关　　　　D. 各级政府

2. 人民法院、人民检察院和公安机关进行刑事诉讼，应当（　　），以保证准确有效地执行法律。

A. 分工负责　　　　B. 互相配合

C. 互相制约　　　　D. 互相监督

3. 犯罪嫌疑人、被告人是（　　），没有委托辩护人的，人民法院、人民检察院和公安机关应当通知法律援助机构指派律师为其提供辩护。

A. 盲、聋、哑人

B. 尚未完全丧失辨认或者控制自己行为能力的精神病人

C. 经济困难的人

D. 可能被判处无期徒刑、死刑的人

4. 法律援助机构可以在人民法院、看守所等场所派驻值班律师。犯罪嫌疑人、被告人没有委托辩护人，法律援助机构没有指派律师为其提供辩护的，由值班律师为犯罪嫌疑人、被告人提供（　　）等法律帮助。

A. 法律咨询　　　　B. 程序选择建议

C. 申请变更强制措施　　　　D. 对案件处理提出意见

5. 辩护律师持（　　）要求会见在押的犯罪嫌疑人、被告人的，看守所应当及时安排会见，至迟不得超过48小时。

A. 律师执业证书　　　　　　B. 律师事务所证明

C. 委托书或者法律援助公函　　D. 身份证

6. 对于（　　）的重大嫌疑分子，提请审查批准的时间可以延长至30日。

A. 流窜作案　　　　　　B. 多次作案

C. 结伙作案　　　　　　D. 案情严重

（四）填空题

1. 犯罪嫌疑人、被告人____供述自己的罪行，承认指控的犯罪事实，愿意接受处罚的，可以依法从宽处理。
2. 辩护人收集的有关犯罪嫌疑人不在犯罪现场、____、属于依法不负刑事责任的精神病人的证据，应当及时告知公安机关、人民检察院。
3. 在审判过程中，被告人可以拒绝辩护人继续为他辩护，也可以____。
4. 附带民事诉讼应当同刑事案件____审判，只有为了防止刑事案件审判的过分迟延，才可以在刑事案件审判后，由同一审判组织继续审理附带民事诉讼。
5. 对查封、扣押的财物、文件，应当会同____和被查封、扣押财物、文件持有人查点清楚，当场开列清单一式二份。

（五）简答题

1. 简述不追究刑事责任的情形。
2. 简述刑事诉讼可以中止审理的情形。
3. 简述刑事自诉案件的类型。

参考答案

（一）判断题

1. ×，解析：根据《刑事诉讼法》第 3 条第 1 款规定，对刑事案件的侦查、拘留、执行逮捕、预审，由公安机关负责。检察、批准逮捕、检察机关直接受理的案件的侦查、提起公诉，由人民检察院负责。审判由人民法院负责。除法律特别规定的以外，其他任何机关、团体和个人都无权行使这些权力。
2. √，解析：根据《刑事诉讼法》第 4 条规定。
3. √，解析：根据《刑事诉讼法》第 9 条规定。
4. ×，解析：根据《刑事诉讼法》第 10 条规定，人民法院审判案件，实行两审终审制。
5. √，解析：根据《刑事诉讼法》第 24 条规定。
6. ×，解析：根据《刑事诉讼法》第 34 条第 1 款规定，犯罪嫌疑人自被侦查机关第一次讯问或者采取强制措施之日起，有权委托辩护人；在侦查期间，只能委托律师作为辩护人。被告人有权随时委托辩护人。
7. ×，解析：根据《刑事诉讼法》第 39 条第 1 款规定，辩护律师可以同在押的犯罪嫌疑人、被告人会见和通信。其他辩护人经人民法院、人民检察院许可，也可以同在押的犯罪嫌疑人、被告人会见和通信。

（二）单项选择题

1. A，解析：根据《刑事诉讼法》第 23 条规定，最高人民法院管辖的第一审刑事案件，是全国性的重大刑事案件。
2. D，解析：根据《刑事诉讼法》第 29 条规定，审判人员、检察人员、侦查人员有下列情形之一的，应当自行回避，当事人及其法定代理人也有权要求他们回避：（1）是本案的当事人或者是当事人的近亲属的；（2）本人或者他的近亲属和本案有利害关系的；（3）担任过本案的证人、鉴定人、辩护人、诉讼代理人的；（4）与本案当事人有其他关系，可能影响公正处理案件的。

3. D，解析：根据《刑事诉讼法》第 32 条第 1 款规定，关于回避的规定适用于书记员、翻译人员和鉴定人。

4. D，解析：根据《刑事诉讼法》第 33 条第 1 款规定，犯罪嫌疑人、被告人除自己行使辩护权以外，还可以委托 1 至 2 人作为辩护人。下列的人可以被委托为辩护人：（1）律师；（2）人民团体或者犯罪嫌疑人、被告人所在单位推荐的人；（3）犯罪嫌疑人、被告人的监护人、亲友。

5. D，解析：根据《刑事诉讼法》第 36 条第 1 款规定，法律援助机构可以在人民法院、看守所等场所派驻值班律师。犯罪嫌疑人、被告人没有委托辩护人，法律援助机构没有指派律师为其提供辩护的，由值班律师为犯罪嫌疑人、被告人提供法律咨询、程序选择建议、申请变更强制措施、对案件处理提出意见等法律帮助。

6. C，解析：根据《刑事诉讼法》第 107 条第 2 款规定，收件人本人或者代收人拒绝接收或者拒绝签名、盖章的时候，送达人可以邀请他的邻居或者其他见证人到场，说明情况，把文件留在他的住处，在送达证上记明拒绝的事由、送达的日期，由送达人签名，即认为已经送达。

7. A，解析：根据《刑事诉讼法》第 139 条第 2 款规定，搜查妇女的身体，应当由女工作人员进行。

（三）多项选择题

1. ABC，解析：根据《刑事诉讼法》第 6 条规定，人民法院、人民检察院和公安机关进行刑事诉讼，必须依靠群众，必须以事实为根据，以法律为准绳。对于一切公民，在适用法律上一律平等，在法律面前，不允许有任何特权。

2. ABC，解析：根据《刑事诉讼法》第7条规定，人民法院、人民检察院和公安机关进行刑事诉讼，应当分工负责，互相配合，互相制约，以保证准确有效地执行法律。
3. ABD，解析：根据《刑事诉讼法》第35条第2款、第3款规定，犯罪嫌疑人、被告人是盲、聋、哑人，或者是尚未完全丧失辨认或者控制自己行为能力的精神病人，没有委托辩护人的，人民法院、人民检察院和公安机关应当通知法律援助机构指派律师为其提供辩护。犯罪嫌疑人、被告人可能被判处无期徒刑、死刑，没有委托辩护人的，人民法院、人民检察院和公安机关应当通知法律援助机构指派律师为其提供辩护。
4. ABCD，解析：根据《刑事诉讼法》第36条第1款规定，法律援助机构可以在人民法院、看守所等场所派驻值班律师。犯罪嫌疑人、被告人没有委托辩护人，法律援助机构没有指派律师为其提供辩护的，由值班律师为犯罪嫌疑人、被告人提供法律咨询、程序选择建议、申请变更强制措施、对案件处理提出意见等法律帮助。
5. ABC，解析：根据《刑事诉讼法》第39条第2款规定，辩护律师持律师执业证书、律师事务所证明和委托书或者法律援助公函要求会见在押的犯罪嫌疑人、被告人的，看守所应当及时安排会见，至迟不得超过48小时。
6. ABC，解析：根据《刑事诉讼法》第91条第2款规定，对于流窜作案、多次作案、结伙作案的重大嫌疑分子，提请审查批准的时间可以延长至30日。

（四）填空题

1. 自愿如实。（《刑事诉讼法》第15条）
2. 未达到刑事责任年龄。（《刑事诉讼法》第42条）
3. 另行委托辩护人辩护。（《刑事诉讼法》第45条）

4. 一并。（《刑事诉讼法》第 104 条）
5. 在场见证人。（《刑事诉讼法》第 142 条）

（五）简答题

1. 答：根据《刑事诉讼法》第 16 条规定，有下列情形之一的，不追究刑事责任，已经追究的，应当撤销案件，或者不起诉，或者终止审理，或者宣告无罪：（1）情节显著轻微、危害不大，不认为是犯罪的；（2）犯罪已过追诉时效期限的；（3）经特赦令免除刑罚的；（4）依照刑法告诉才处理的犯罪，没有告诉或者撤回告诉的；（5）犯罪嫌疑人、被告人死亡的；（6）其他法律规定免予追究刑事责任的。
2. 答：根据《刑事诉讼法》第 206 条第 1 款规定，在审判过程中，有下列情形之一，致使案件在较长时间内无法继续审理的，可以中止审理：（1）被告人患有严重疾病，无法出庭的；（2）被告人脱逃的；（3）自诉人患有严重疾病，无法出庭，未委托诉讼代理人出庭的；（4）由于不能抗拒的原因。
3. 答：根据《刑事诉讼法》第 210 条规定，自诉案件包括下列案件：（1）告诉才处理的案件；（2）被害人有证据证明的轻微刑事案件；（3）被害人有证据证明对被告人侵犯自己人身、财产权利的行为应当依法追究刑事责任，而公安机关或者人民检察院不予追究被告人刑事责任的案件。